The Beatles

50 anos depois

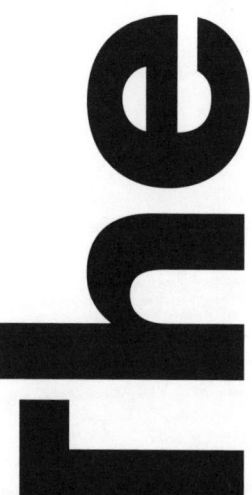

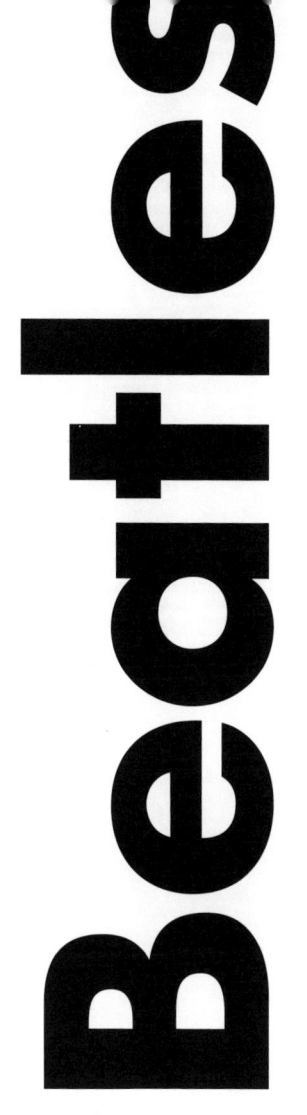

The Beatles
50 anos depois
Bento Ferraz

DBA

Editor
Alexandre Dórea Ribeiro

Editora executiva
Andrea M. Santos

Assistente editoral
Gustavo Veiga

Projeto gráfico
Débora Setton (Estúdio DBA)

Capa
Victor Burton

Foto da capa
Dea/A. Dagli Orti/Getty Images

Revisão de texto
Mário Vilela
Norma Marinheiro

Impressão e acabamento
Prol Gráfica

Copyright © 2008 Bento Ferraz

Os direitos desta edição pertencem à
DBA Dórea Books and Art
al. Franca 1185 cj. 31/32
01422-001 São Paulo SP
tel: (11) 3062 1643 fax: (11) 3088 3361
e-mail: dba@dbaeditora.com.br
www.dbaeditora.com.br

Reservados todos os direitos dessa obra.
Proibida toda e qualquer reprodução desta
edição por qualquer meio ou forma, seja
ela eletrônica ou mecânica, seja fotocópia,
gravação ou qualquer meio de reprodução,
sem a expressa permissão do editor.

sumário

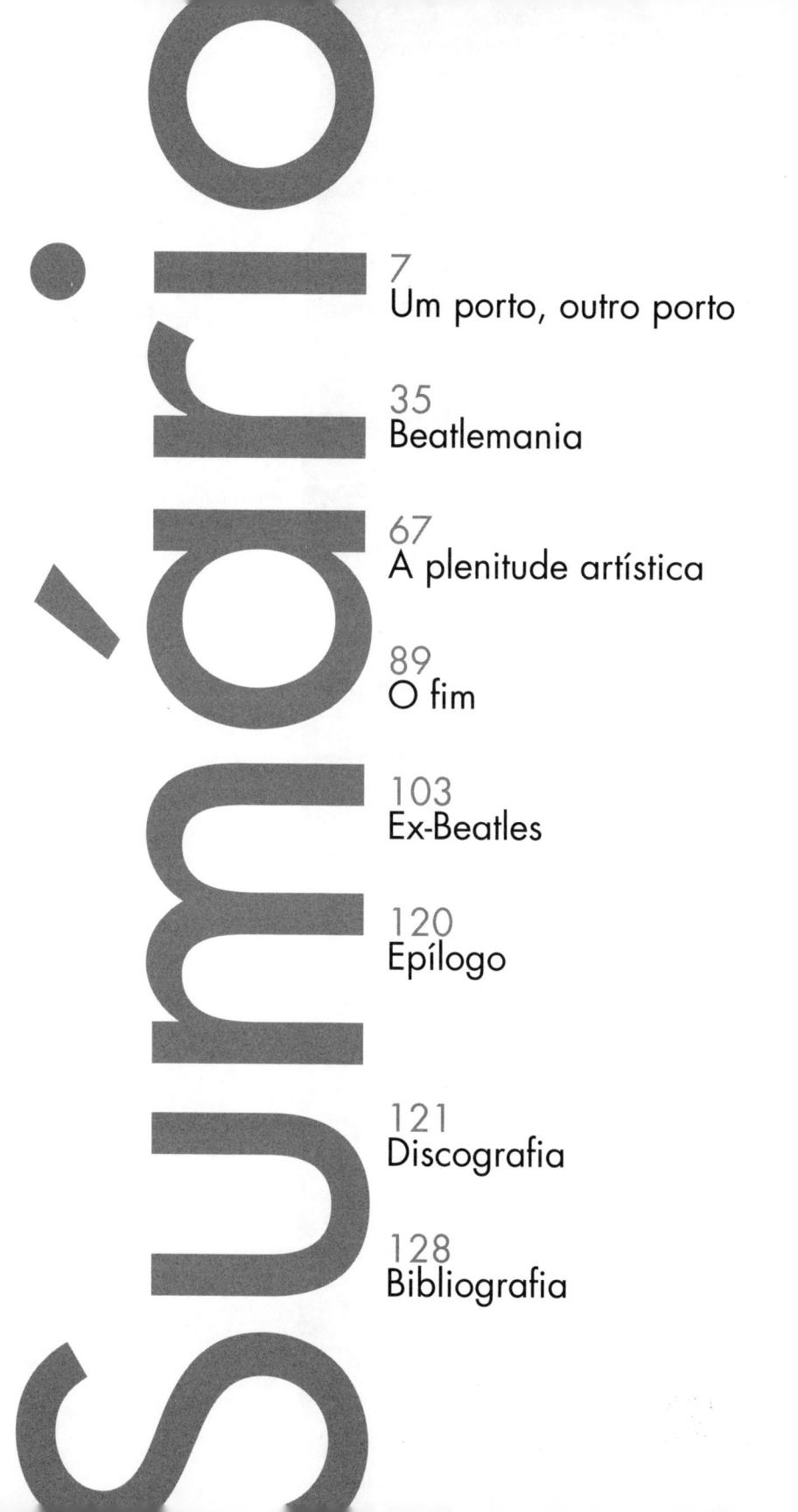

7
Um porto, outro porto

35
Beatlemania

67
A plenitude artística

89
O fim

103
Ex-Beatles

120
Epílogo

121
Discografia

128
Bibliografia

1

Um porto, outro porto

When I was younger, so much younger than today,
I never needed anybody's help in any way.

Quando eu era mais novo, bem mais moço que agora,
Nunca precisei da ajuda de ninguém.

Os versos iniciais de John Lennon em "Help!" são emblemáticos da dinâmica que tornou os Beatles o maior conjunto de música popular de todos os tempos – e emblemáticos também das turbulências internas que conduziram à dissolução do grupo.

No entanto, narrar a trajetória do conjunto e descrever a influência musical que ele exerceu sempre acarretará o risco da omissão. Sim, os Beatles já superaram a inimaginável marca de 1 bilhão de discos vendidos em todo o mundo; inspiraram a criação de bandas de todas as tendências do rock 'n' roll; construíram uma ponte entre a canção popular e a música erudita; e levaram riso, choro e fruição estética a milhões de pessoas.

E foram ainda mais, bem mais: representaram, e ao mesmo tempo alimentaram, uma ruptura de gerações como nunca ocorrera antes, nem tornou a ocorrer até agora. O surgimento do rock; a pílula e a liberação sexual; a contestação política; o inconformismo com as normas estabelecidas; o uso generalizado de drogas; o vestuário e a aparência física totalmente contra o *statu quo*; a contemplação de horizontes religiosos do Oriente; o pacifismo militante; o movimento hippie – tudo isso foi plantado pelos jovens no fim da década de 1950, mas, especialmente, na década de 1960. Contestação e rebeldia são o pano de fundo na narrativa dos Beatles.

Liverpool, no norte da Inglaterra, é a cidade portuária onde nasceram os quatro integrantes do grupo – John Lennon, Paul McCartney, George Harrison e Ringo Starr. Só dois, Paul e Ringo, continuam vivos: John foi assassinado a tiros em 1980, e George morreu de câncer em 2001.

Liverpool surgiu de uma aldeia de pescadores, no início do século 13. Durante a Segunda Guerra Mundial na Europa (1939-45), foi alvo estratégico da aviação nazista. Principal ligação marítima do Reino Unido com os EUA, a cidade sofreu reides contínuos entre agosto de 1940 e janeiro de 1942. As batalhas aéreas entre a Royal Air Force e a Luftwaffe terminariam com a vitória dos britânicos, mas os estragos foram grandes.

Com os cais e as docas destroçados durante os combates, Liverpool contabilizou mais de 2600 mortos. O bombardeio da população civil (tipo de ataque particularmente repugnante) ainda destruiu 10 mil casas.

Ringo, de 7 de julho de 1940, e John, de 9 de outubro do mesmo ano, vieram ao mundo sob a ameaça das bombas. Paul, de 18 de junho de 1942, e George, de 25 de fevereiro de 1943, nasceram quando a RAF já dominara o perigo. No pós-guerra, a prefeitura de Liverpool desenvolveria projetos acelerados de construção de moradias populares, que eram pequenos sobrados geminados. Foi nesse tipo de casa que Paul, George e Ringo passaram a infância e a juventude. John, entretanto, foi criado em residência espaçosa, de classe média, numa rua que era endereço de clube de golfe.

Criador dos Beatles, John Winston Lennon (o Winston homenageava Winston Churchill, primeiro-ministro durante a guerra) foi abandonado pelo pai aos oito meses. Alfred Lennon era garçom de navio e via a mulher, Julia, a longos intervalos durante as viagens, até que o casamento chegou ao fim. Quando John tinha perto de cinco anos, Julia também o deixou, para iniciar um relacionamento com John Dykins (sem ter-se divorciado, o que chocava a mentalidade da época). O menino ficou com Mimi, irmã de Julia. Tia Mimi desempenharia o papel de pai e mãe na criação de Lennon, o qual arrastaria a sombra dos abandonos e as cicatrizes dos insultos dos colegas, que o tachavam (cruel e incorretamente) de "bastardo".

"Talvez eu tivesse inveja de não ter aquilo que se chama um lar", desabafou John numa das últimas entrevistas que concedeu, publicada pela *Playboy* em 1980. Seu comportamento solitário era acrescido da rebeldia, o que fazia que muitos pais procurassem afastar os filhos da convivência com ele. John se refugiava na arte – desenho e música. Adorava também as visitas da mãe, a quem decidiu pedir um violão. Em 1957, Julia lhe deu um, de segunda mão, e lhe ensinou alguns poucos acordes. Só esporadicamente John voltaria a seu primeiro instrumento, uma gaita.

O rock acabara de nascer nos EUA, e não haviam se esgotado as ligações de Liverpool com tudo o que se referia aos americanos: Chuck Berry, Bill Haley & His Comets e Elvis Presley chegaram mais rápida e intensamente ao porto do norte do que ao resto do Reino Unido. A partir de 1954, com a onda do rock, reavivaram-se também o rhythm 'n' blues e o jazz. Entretanto, para quase todos adolescentes loucos por música americana, era impossível comprar os instrumentos necessários a uma banda.

Para eles, foi um golpe de sorte a chegada do skiffle, gênero que exigia apenas violão barato, tábua de bater roupa, moringa, lata vazia, esfregador de chão – praticamente qualquer coisa que emitisse som. O gênero surgira nos EUA no começo do século 20. Na Inglaterra, a "novidade" só seria introduzida décadas depois, por Lonnie Donegan, um jazzista que fundou o Lonnie Donegan Skiffle Group e, a partir de 1956, fez sucesso durante seis anos nas paradas britânicas. *Skiffle*, gíria americana dos anos 1920, significava música feita por gente pobre demais para comprar instrumentos.

Em março de 1957, com o violão dado pela mãe, John Lennon pôde realizar o sonho de montar sua própria banda de skiffle, os Quarry Men, em parceria inicial com Pete Shotton. Outros jovens aspirantes a músico, como Bill Smith, entravam e saíam do grupo. O nome aludia à escola em que John ia tão mal, a Quarry Bank School, e traduzia a febre pela renovada música americana: entre 1956 e 1957, criaram-se perto de 5 mil bandas de skiffle na Grã-Bretanha. Só em Liverpool, havia centenas.

Calças justíssimas, cabelos engomados e topetes enormes denotavam o jeito rebelde dos Quarry. O repertório ainda era maltratado por aqueles aprendizes de rock. O grupo tocava onde pudesse – em cima de caminhões, em igrejas, em quermesses.

E foi numa quermesse, no intervalo de uma das apresentações dos Quarry Men, que Paul McCartney conheceu John Lennon. Era 6 de julho de 1957. Quem juntou Lennon & McCartney foi um amigo comum, Ivan Vaughan, que sabia da paixão dos dois pelo rock. Os números da quermesse misturavam a música dos incipientes Quarry Men a shows de adestramento de cães da polícia, banda de milícia e desfile de escoteiros. Antes da terceira entrada do conjunto, Ivan apresentou John a Paul no salão da igreja local – último palco do dia.

Com quinze anos na época, Paul não hesitou e, ao violão, mostrou seu repertório de rock. "Be-bop-a-lula", de Gene Vincent, e vários sucessos de Little Richard entusiasmaram John, autodidata como Paul. Este, apesar de quase dois anos mais novo, entraria nos Quarry Men. John não o convidou naquele mesmo dia, receando que o novato lhe acarretasse problemas na liderança do grupo (a forte personalidade de Paul mais que se confirmaria ao fim da saga dos Beatles). Só dois dias depois, John mandou recado a Paul, propondo-lhe ser violonista do conjunto. Paul aceitou, mas avisou que estava saindo de férias e que só poderia assumir compromissos ao regressar.

Oito meses antes de ter conhecido John, Paul perdera a mãe. Em 31 de outubro de 1956, após várias semanas de sofrimento, Mary McCartney morreu de câncer de mama. Em "Let it be" (canção composta por Paul em meados de 1968), ele cita a última visita a Mary, já no hospital, lembrando vividamente o dia terrível. Um sonho com a mãe, que o acalentava e incentivava, o levou a compor a música. Paul relataria a seu biógrafo Barry Miles ter recebido inúmeras cartas que agradeciam o alento trazido por "Let it be". Muitas delas faziam referência a Nossa Senhora – embora a Mother Mary da canção seja, literalmente, a mãe de Paul:

> When I find myself in times of trouble,
> Mother Mary comes to me
> Speaking words of wisdom, Let it be.

> Quando os tempos são difíceis,
> Mãe Maria vem até mim
> Com palavras sábias: "Deixe estar".

Se John ganhou o violão da mãe, Paul teve o incentivo do pai. Jim McCartney deu um pistom ao filho quando este fez catorze anos. O instrumento foi pouco usado, porque Paul gostava também de cantar. Então, com o consentimento do pai, Paul foi a uma loja de instrumentos e trocou o pistom por um violão. Sem idéia de como tocar, ele ainda levou um tempo para descobrir que boa parte das dificuldades que enfrentava se devia ao fato de ser canhoto.

Após ter invertido e fixado as cordas, Paul levava o violão para todos os lugares. Compôs sua primeira música logo após a morte da mãe, ainda com catorze anos. Aos dezesseis, já compusera a melodia de uma canção que os Beatles gravariam mais de dez anos depois: "When I'm sixty-four". (Paul só chegou a essa idade, 64, em 2006.)

Naquele ano de 1957, as férias de Paul (passadas num acampamento com o irmão, Michael) o fizeram perder em 7 de agosto a primeira apresentação dos Quarry Men no Cavern Club, a mesma casa noturna que os Beatles imortalizariam. A estréia de Paul no grupo ocorreu em 18 de outubro de 1957, num show no Conservative Club do bairro de Norris Green, em Liverpool. A apresentação não teve sucesso estrondoso, mas rendeu um novo convite para outro show no local e alguns telefones de meninas, pelo menos na agenda de Paul. Ele lembra o lema dos Quarry Men: estavam no conjunto para arranjar garotas e não ter de procurar emprego.

Imediatamente após a entrada na banda, Paul começou a ensinar John a afinar o violão. Antes disso, John pagava a um vizinho para que este acertasse o instrumento. Da afinação, Paul e John passaram à prática, cada um ensinando músicas ao outro. Paul conhecia mais acordes; no entanto, como era canhoto, dificultou o aprendizado de John: tinha de aprendê-los como num espelho e então fazer a transposição para o que faria um destro.

Empenho, entretanto, não faltava. John fora reprovado em todas as matérias no secundário e agora, aluno do Liverpool College of Art (uma escola superior de belas-artes), sentia que ali igualmente não se sairia bem. Via na música a possibilidade de afirmação artística. O encontro com Paul e o fato de compartilharem talento e interesse musical cimentaram a amizade entre ambos, só abalada doze anos depois, com o fim explosivo dos Beatles.

A dupla de compositores Lennon & McCartney surgiu logo após o ingresso de Paul no Quarry Men. Ele mostrou a John a primeira canção que fizera, o que provocou muito interesse do líder da banda. Decidiram tentar compor em parceria, de pronto. Ainda era fim das férias de verão, e os dois poderiam dedicar tempo à música. Mesmo depois do reinício das aulas, teriam oportunidade de encontrar-se regularmente, já que o College of Art e o Liverpool Institute (onde Paul ainda cursava o secundário) ficavam no mesmo prédio.

Para compor, era necessário isolamento. Na escola, isso era impossível. Na casa de John, havia a tia, que desaprovava os amigos roqueiros do sobrinho. Assim, os dois optaram pelo sobradinho de Paul, vazio no horário de trabalho do pai e de escola do irmão. Desde que a mãe morrera, Paul e Michael tinham suas próprias chaves da casa, o que simplificava tudo.

"Too bad about sorrows", a primeira música da parceria, foi composta no fim de 1957. O ambiente era a sala da casa de Jim McCartney, com um conjunto de sofá e poltronas. Sabemos apenas que os acordes eram simples; a canção se perdeu. John e Paul cabulavam aula e se reuniam para criar. Foi nessa época que Paul deu início aos cadernos de composições nos quais grafava no alto de cada página: "Uma canção original de Lennon & McCartney".

Foi com tal sobretítulo que, em meados de 1958, John e Paul compuseram "Love me do". (Quatro anos depois, esse seria o primeiro sucesso dos Beatles.) Naquele período, a dupla trabalharia a todo o vapor, usando também a varanda de tia Mimi, na casa de John. Muitas vezes, tinham de apressar a composição porque o horário permitido por Mimi se esgotava ou porque Jim McCartney estava para chegar do trabalho. Em todo o caso, é fascinante o comentário de Paul sobre a produtividade da dupla, comentário que valeria para muitos anos posteriores: nunca tiveram uma sessão improdutiva. Compunham pelo menos uma música a cada encontro.

Em 6 de fevereiro de 1958, Paul levou John para ouvir um guitarrista talentoso, seu colega e amigo no Liverpool Institute, alguém que conhecia já havia alguns anos. Após um show dos Quarry Men no Wilson Hall, John concordou em acompanhar Paul para ouvirem esse outro roqueiro fanático – George Harrison.

Nervoso, George teve de tocar violão para a dupla no andar superior de um ônibus (não arranjaram lugar melhor). John, atônito, percebeu a capacidade de George, que não só dominava muito mais acordes, como também sabia solar várias músicas. O problema era a idade do garoto: ainda não completara quinze anos. O pormenor fez John hesitar em admiti-lo de imediato, mas George persistiu: passou a freqüentar ensaios e reuniões dos Quarry Men e, em um mês, foi aceito no conjunto.

George Harrison ainda não se destacava, nem de longe, como compositor. Essa faceta só se desenvolveria depois do sucesso dos

Beatles, consolidando-se com o tempo. A importância imediata de sua entrada no grupo foi possibilitar que os Quarry Men aglutinassem grandes benefícios: com um solista talentoso, o repertório do grupo pôde enriquecer-se com uma série enorme de canções; e, naqueles primórdios do rock, em que novos sucessos estouravam a cada semana, eles podiam ser tirados diretamente das rádios e registrados no caderno de repertório tão logo se estudavam seus acordes e letras. Isso permitiria que, em 1960, os Beatles pudessem apresentar mais de cem músicas, aí incluídas seis composições próprias.

Em 15 de julho de 1958, John Lennon sentiu a perda da mãe, Julia, pela segunda vez, agora definitiva. John a esperava na companhia das meias-irmãs (Julia e Jacqui, que ele freqüentava bastante), enquanto a mãe tomava chá com a irmã, Mimi. Ao voltar para casa e para os filhos, Julia foi atropelada por um policial, que estava aprendendo a dirigir e, segundo uma versão, teria confundido freio com acelerador ao vê-la na frente do carro.

Não haveria mais como reparar a mágoa e as incertezas que Julia provocara ao deixar o filho com Mimi. "Julia" e "Mother" foram as canções que, mais de dez anos depois, John compôs para ela. Essas músicas ainda transpiram amor, devoção, inquietude e desespero. "Julia", que consta do Álbum Branco (1968), diz:

> Half of what I say is meaningless,
> But I say it just to reach you, Julia.
>
> Metade do que digo não tem sentido,
> Mas digo para chegar a você, Julia.

Em "Mother", já na carreira solo, ele lamenta a perda sofrida na infância e adolescência:

> Mother, you had me,
> But I never had you.

> Mãe, você me teve,
> Mas nunca tive você.

A perda de Julia, quando John tinha dezessete anos e estava reconstruindo uma relação saudável com a mãe, teve impacto devastador. Ele próprio se confessaria amargo e revoltado, propenso a brigas de rua. Passou a embebedar-se e teria até agredido Cynthia Powell, segundo relato dela – namorada que conheceu na escola de belas-artes e com quem acabaria se casando e tendo um filho, Julian.

Embora John não houvesse conhecido Mary McCartney, o fato de ambos terem perdido a mãe o uniu mais a Paul. Os dois continuaram a reunir-se para ouvir e compor música. Também saíam com garotas, fumavam às escondidas, tomavam cerveja, iam à farra. Só que John parecia ter deixado de lado a aspiração profissional: após a morte de Julia, os Quarry Men não fizeram nenhuma apresentação pública durante um ano e três meses. Havia apenas ensaios ou shows em festas particulares.

Então, em setembro e outubro de 1959, sob a liderança de um John Lennon já recomposto, os Quarry Men retomaram com alguma sorte as apresentações. Fizeram uma série de sete shows no grêmio juvenil Casbah Coffee Club, administrado por Mona Best (mãe de Pete Best, o futuro e efêmero baterista dos Beatles). Foi também uma fase de busca de outro nome para que a banda se desvencilhasse da origem escolar. Seguindo a moda, escolheram o nome do líder mais um genérico (como em Bill Halley & His Comets): Johnny and The Moondogs. Eles o usaram numa única apresentação, a seletiva de um programa de calouros, quando não se classificaram para aparecer na TV. Em outra apresentação, foram The Rainbows, com cada um deles usando camisa de cor diferente.

Ainda que John houvesse praticamente abandonado os estudos, ele mantinha contato com o College of Art e alguns colegas. Dentre estes, o mais próximo era Stuart Sutcliffe. Nascido em 23 de junho de 1940, era um pintor que já se destacava pelo talento. Um de seus quadros foi selecionado para uma bienal na Walker Gallery, em Liverpool, de novembro de 1959 a janeiro de 1960. Ao final da mostra, o organizador adquiriu a tela de Stu por 75 libras esterlinas, o que na época era muito dinheiro. Numa das noites no Casbah, John e Paul conseguiram convencer Stu a empregar na compra de um baixo a grana que ganhara. Assim, a banda incorporou um baixista que não tinha quase nenhum talento musical, mas que agendava shows e emprestava seu apartamento (num prédio cheio de aspirantes a beatnik) para os ensaios.

A mãe de Paul fora enfermeira, e ele sempre se esforçava para recordar que estava andando com "uma turma um pouquinho mais velha". Décadas depois, Paul (reticente quanto a drogas pesadas, embora fã confesso da maconha) recordaria que, já naquele tempo, os rapazes extraíam a benzedrina de inaladores Vick e a usavam para ficar acordados e conversar a noite inteira no apartamento de Stu.

Nas férias escolares de abril de 1960, John e Paul cantaram em dupla, intitulada Nerk Twins. Isso foi por uma única apresentação, fechando uma semana em que, após terem viajado de carona, trabalharam no refeitório de propriedade de uma prima de Paul e seu marido. (Depois, o mesmo casal compraria uma pousada no vilarejo de Ryde, que os dois Beatles também conheceram – e que, num trocadilho, inspirou a canção "Ticket to ride", lançada em 1965.)

Ao voltarem das férias, fizeram novos experimentos para definir o nome do conjunto. Por sugestão de John, os Quarry Men se transformaram em Beatles. A palavra é um trocadilho com *beetles*, besouros, e *beat*, que indicava menos a proximidade com o crescente movimento beatnik do que a identidade com a música contemporânea beat, de harmonia precisa e vocais trabalhados. O nome Beatles também deve inspiração à banda Buddy Holly & the Crickets: os aspirantes ao estrelato gostaram do duplo sentido de *cricket* (que designa simultaneamente um inseto, o gafanhoto, e um esporte).

Logo depois, a banda se apresentou como The Silver Beatles, um nome mais pomposo. Desde maio de 1960, o empresário musical Allan Williams era responsável pelo conjunto, agora composto de John, Paul, George e Stu (a banda ainda encontrava dificuldade para arranjar baterista). O primeiro trabalho agendado por Williams para os Silver Beatles foi acompanhar o cantor Johnny Gentle numa excursão à Escócia. Os Silver Beatles não ganharam quase nada, nem tiveram chance de mostrar seu talento, mas puseram o pé na estrada pela primeira vez.

Williams era dono do Jacaranda (uma boate de Liverpool) e, quando não conseguia escalar a banda para compromissos sérios, agendava os Silver Beatles para sua própria casa noturna. Nos intervalos, tocavam no Grosvenor Ballroom, um salão de bailes suburbano. Na turnê pela Escócia e no salão de bailes, a banda teve um baterista, Tommy Moore. Ele deixou os Silver Beatles por influência da namorada: a moça achava que ele estava perdendo tempo com música e poderia ganhar dinheiro de verdade trabalhando numa fábrica de garrafas.

Silver Beats, Silver Beetles e de novo Silver Beatles foram outros nomes testados pelo grupo, até que, em agosto de 1960, ele recebeu a designação definitiva: The Beatles.

E foi a banda The Beatles que Williams ofereceu em agosto ao empresário alemão Bruno Koschmider para que este revitalizasse uma de suas boates de striptease em Hamburgo – outro porto que passava por reconstrução no pós-guerra. A boate, o Indra, não atraía mais fregueses para ver a nudez de suas dançarinas e se transformaria em ponto fixo de rock. Ficava na zona barra-pesada da cidade, perto do rio Elba. Na vizinhança, havia outras boates, bares e bordéis, em vielas estreitas calçadas com paralelepípedos. Williams e Koschmider já se conheciam, e Williams agenciara outros grupos musicais para o alemão.

De convite na mão, os Beatles entraram urgentemente em contato com Pete Best. O baterista (nascido em 24 de novembro de 1941) estava vendo a desintegração dos Blackjacks (seu próprio grupo) e aceitou de imediato a proposta de participar da aventura na Alemanha. O contrato seria de dois meses e estipulava pagamento de 2,5 libras por dia para cada integrante, menos os 10% cobrados pelo empresário. Com isso, não foi difícil convencer os responsáveis a concordarem com a viagem: Paul, por exemplo, passaria a ganhar mais que o pai.

Hamburgo foi o ponto de inflexão dos Beatles. Entre 17 de agosto de 1960 e 31 de dezembro de 1962, eles somaram mais de oitocentas horas de música ao vivo em palcos de boate daquele porto alemão. O repertório era um rock frenético, com performances cada vez mais espetaculares, alternando-se com baladas para recompor o fôlego. O aprendizado na prática, o trato com o público, o rigor draconiano dos horários, a hospedagem precária, a dependência mútua, o visual do grupo – eis o legado de Hamburgo para os Beatles. Depois do segundo porto, a banda se tornava profissional.

O começo no Indra, porém, não foi nada fácil. A boate tinha capacidade para sessenta pessoas, mas os Beatles tocaram para apenas duas na estréia. Além do abandono do lugar, enfrentavam a acústica ruim, já que os tapetes e cortinas abafavam o som. Koschmider era também dono do Bambi Kino, um cinema decadente no mesmo quarteirão, e foi lá que ele hospedou os então cinco Beatles. Espremidos em camarins sujos, os rapazes se revezavam para tomar banho nos antigos sanitários do cinema. A partir das 20h30, com intervalos de meia hora, tocavam quatro horas por noite, sete noites por semana.

A experiência do Indra durou pouco: uma vizinha não suportava o barulho da madrugada e tanto se queixou à polícia que Koschmider precisou voltar a usar a boate como ponto de striptease. Quanto aos Beatles, passados 48 dias no Indra, um futuro melhor os aguardava: o empresário alemão resolveu apresentá-los em outra boate sua, o Kaiserkeller, bem maior e bem mais sofisticado que o Indra. "Mach Schau, mach Schau!" (em alemão, "Dêem show, dêem show!") era a única recomendação que Koschmider fazia aos integrantes do conjunto. E os garotos ingleses fizeram mais do que ele esperava.

Na nova boate, os Beatles deixaram os bons costumes de lado. Agora, eles simulavam brigas e desciam do palco à platéia, com o microfone na mão. John pulava, dançava e rodopiava como um louco. A performance também melhorava porque, a cada hora, eles se alternavam com outro grupo de rock, o Rory Storm & the Hurricanes. Foi então que conheceram o baterista dos Hurricanes e perceberam seu talento e energia para manter acesa a platéia do

Kaiserkeller. O baterista se chamava Richard Starkey, e seu apelido era Ringo Starr.

Os Beatles começavam a fazer sucesso. Com a propaganda boca-a-boca, a boate lotava todas as noites. Mais conservador que o Indra, o Kaiserkeller fechava à meia-noite; entretanto, com o faturamento crescendo, os shows de rock passaram a estender-se até as duas da madrugada. Tendo de ficar horas e horas no palco e na boate, os rapazes passaram a ser servidos com drogas, em especial anfetaminas, para segurar a barra. Paul recorda que tomava um comprimido de Preludin, o que o ligava o suficiente. Já John consumia quatro ou cinco e sempre perguntava "O que está rolando aí?", ansioso para provar o que outros estavam usando. Os demais Beatles se abstinham disso.

O ambiente roqueiro e barra-pesada da boate não intimidou um dos muitos aspirantes a existencialista que havia em Hamburgo (porto que, assim como Liverpool, abrigava todas as tendências de pensamento e comportamento). Klaus Voorman era estudante de arte e designer e, passando em frente ao Kaiserkeller, resolveu entrar para descobrir por que o lugar tinha tantos fregueses. Klaus viu e gostou. Na noite seguinte, levou à boate a namorada, Astrid Kirchherr, e um amigo, Jürgen Vollmer.

Astrid ficou amiga dos garotos de Liverpool. Fotógrafa, produziu trabalhos em preto-e-branco com granulação destacada, que acabariam inspirando capas de disco dos Beatles. Mais que isso, Astrid e Stu se apaixonaram. Com o contrato dos Beatles na boate prorrogado até dezembro de 1960, os dois ficaram noivos em novembro. Stu foi além e decidiu que deixaria o conjunto para fixar-se na Alemanha e voltar a estudar pintura, agora na Hochschule für Bildende Künste, a escola de belas-artes de Hamburgo.

Paul McCartney nega ter sido o responsável pela saída de Stu dos Beatles. Segundo muitas teorias, Paul queria ser o baixista da banda, ou tinha animosidade com Stu. No entanto, Paul relataria ao biógrafo Barry Miles que, na época, o baixista era o músico mais desprestigiado em qualquer grupo e que John também estava consciente das limitações musicais de Stu, por conta das quais ambos lhe pediam que tocasse de costas para a platéia (de modo a ocultar as discrepâncias entre os acordes de Stu e os do resto do grupo). Fosse como fosse, Paul passou da guitarra-base ao baixo e se deu muito bem: aprendiz aplicado, acabaria por dominar todos os instrumentos de uma banda de rock (como prova seu primeiro trabalho solo, *McCartney*, lançado em 1970).

Em 1960, ainda com Stu, os Beatles viram uma oportunidade surgir por acaso. Na mesma rua do Kaiserkeller, inaugurou-se no fim de outubro uma boate concorrente, o Top Ten, de outro empresário da noite, Peter Eckhorn. A principal atração era Tony Sheridan, cantor inglês já famoso, e os Jets, conjunto que então o acompanhava. Os Beatles gostavam de Tony e costumavam ir vê-lo no Top Ten. Isso azedou a relação com Bruno Koschmider, que designou um leão-de-chácara para vigiá-los.

Com o fim da temporada dos Jets, Eckhorn procurou outro conjunto para acompanhar Sheridan. Apesar da vigilância, os Beatles se candidataram e foram aprovados de imediato – começariam já na noite seguinte. O sucesso foi total, menos para Koschmider, que viu todos os fãs da banda mudarem de boate. Ele, porém, tinha na manga a carta da vingança: foi logo informando a polícia de que George Harrison era menor de idade e não tinha permissão especial para trabalhar na Alemanha.

Ao receber a ordem de deportação, George tentou ensinar seus principais solos a John – assim, o quarteto que ficaria na Alemanha continuaria a ter o som dos Beatles. Por causa de uma molecagem, o esforço foi inútil: depois que John e Stu levaram suas bagagens do Bambi Kino para o Top Ten, Paul e Pete Best foram àquele cinema buscar as deles. Lá, acharam uma camisinha e a prenderam numa parede de pedra, ateando fogo. Não houve risco nenhum, mas Koschmider os denunciou por incêndio criminoso. Os dois passaram três horas na cadeia local antes de também serem deportados, chegando a Liverpool sem dinheiro algum.

John, sem trabalho e sem os outros integrantes do grupo, não viu mais sentido em permanecer em Hamburgo. Nem mesmo os pequenos furtos no varejo da cidade (que tanto o divertiam, num lazer à moda própria) tinham mais graça. Vendeu alguns pertences, amarrou o amplificador às costas e, carregando a guitarra na mão, chegou a Liverpool dias depois. Já Stu manteve a decisão de ficar na Alemanha, com Astrid.

O fim melancólico da primeira experiência em Hamburgo levou os Beatles à depressão. Durante duas semanas, nem sequer fizeram força para reencontrar-se. Mas, em 17 de dezembro, voltaram ao palco do Casbah Club. Em seguida, Allan Williams agendou bailes e shows para a banda. Um fã-clube seria criado logo após a apresentação no Litherland Town Hall, no fim de dezembro de 1960. Litherland Town era uma região de Liverpool onde os Beatles nunca haviam tocado. Os cartazes de propaganda anunciavam "The Beatles, direto de Hamburgo!", e o que prometia ser a apresentação de uma banda alemã acabou por surpreender e transtornar positivamente a plateia, sob os acordes do rock e das letras cantadas com o sotaque de Liverpool. A partir daí, o grupo alcançou a preferência da juventude local.

No começo de 1961, o sucesso do grupo já se evidenciava nos palcos de Liverpool (em 9 de fevereiro, agora como The Beatles, voltaram a tocar no Cavern Club) e região. Apesar disso, sentiam saudades de Hamburgo. Os amigos Peter Eckhorn e Astrid Kirchherr tiveram muito trabalho com a burocracia germânica, mas conseguiram legalizar a situação dos Beatles para outra temporada na Alemanha. Ademais, George já completara dezoito anos, idade mínima para os músicos de palco naquele país.

Fizeram contato direto com Eckhorn e negociaram novo contrato, para tocar no Top Ten de 1º de abril a 2 de julho de 1961. Como a negociação foi conduzida diretamente, os Beatles resolveram ficar com os 10% de comissão que caberiam ao empresário da banda, Allan Williams. Este ameaçou retaliar, mas sua única atitude hostil acabou sendo aconselhar Brian Epstein, futuro empresário dos Beatles, a ficar longe deles.

Com lotação toda noite, a boate alemã tinha na platéia os roqueiros habituais e os amigos intelectuais. Stu, apesar de já fora do conjunto, juntava-se às vezes numa *jam session*. Por influência indireta de Astrid, o visual do grupo foi se modificando. Primeiro, os paletós escuros Pierre Cardin, sem gola; depois, o penteado, abandonando o topete dos roqueiros americanos e adotando a franja e o corte mais comprido nos lados e na nuca. Aos pouquinhos, surgia o *Beatle look*, posteriormente copiado à exaustão.

No Top Ten, o convívio entre os Beatles e Tony Sheridan continuava. Todos estavam instalados no sótão da boate, mas Sheridan tinha um quarto à parte. A proximidade física e artística resultou na primeira gravação de que os Beatles participaram. Na época, Sheridan não dispunha de conjunto fixo, e por isso os Beatles o acompanhavam nos solos e lhe davam suporte nas apresentações. Bert Kaempfert, um produtor local, então convidou Sheridan a gravar um disco para a Polydor. Sheridan concordou e chamou os Beatles.

Em 22 de junho de 1961, todos foram de táxi a uma escola alemã, onde gravaram as músicas. Depois, Sheridan descobriu que Kaempfert estava produzindo o disco por conta própria e que só posteriormente conseguiria colocá-lo na Polydor. De qualquer forma, o crédito era "Tony Sheridan & the Beatles". O disco, *My bonnie*, faria bom papel nas paradas alemãs e serviria de isca para um descobridor de talentos em Liverpool.

Tendo passado treze semanas na segunda temporada hamburguesa, os Beatles voltaram para Liverpool em 2 de julho de 1961. Em outubro, após férias em Paris (quando Paul e John gastaram todo o dinheiro que uma tia de John lhe dera no aniversário), o grupo tornou a apresentar-se no Cavern Club para um período intenso de shows. As apresentações se tornavam cada vez mais espetaculares, e os fãs formavam enormes filas na entrada. No total, de 9 de fevereiro de 1961 a 3 de agosto de 1963, os Beatles realizaram 275 shows no Cavern.

Na região de Liverpool, outras casas noturnas, como o Casbah, o Blair Hall e o Jive Hive, já ofereciam grupos de rock e beat, mas os Beatles fizeram que o Cavern Club ganhasse lugar especialíssimo na história. Inaugurado como casa de jazz em janeiro de 1957, ele ficava numa região de armazéns portuários. O estabelecimento ocupava as instalações de uma antiga adega, depois transformada em depósito de hortaliças. Durante a Segunda Guerra, o local servira de abrigo antiaéreo. As filas de adolescentes que queriam ver os Beatles se estendiam por uma área que fora bombardeada e que ainda estava isolada por arame farpado. O Cavern abandonara o jazz em 1960, quando o rock atraía multidões cada vez maiores, que pagavam ingresso para entrar.

Para os Beatles, tocar regularmente ali acabou sendo estímulo importante na carreira, sobretudo pela fidelidade dos fãs. Ainda hoje, muitos deles querem visitar o Cavern, mas só encontram uma réplica: nos anos 1970, para abrir um estacionamento, a prefeitura de Liverpool demoliu o que talvez fosse o grande cartão-postal da cidade.

Mais que a concorrência entre as casas noturnas, os Beatles sentiam a de muitos grupos que também tocavam em Liverpool e tinham talento para imitá-los. Como havia revezamento nos shows do Cavern e apresentações em outros clubes e boates, a cada idéia musical que o quarteto adotava correspondia um decalque, às vezes na mesma semana.

O repertório dos conjuntos era comum a todos – os grandes sucessos do rock americano. Paul lembra que os Beatles tentaram diferenciar-se tocando o lado B dos compactos, com músicas menos conhecidas. Assim, atacaram até com um arranjo para valsa – mas o número foi copiado na semana seguinte por Freddie & the Dreamers...

John e Paul, decididos a não ceder a dianteira aos rivais, resolveram pôr à prova as canções próprias. Presumiram, corretamente, que elas seriam exclusivas dos Beatles... Aos poucos, o repertório foi se transformando, com músicas obscuras de astros do rock mais criações de Lennon & McCartney. Algumas das primeiras canções da dupla foram "Like dreamers do" e "Hold me tight", seguidas de "Love me do". Ainda eram canções de adolescentes, claro, mas passaram no teste do público.

Além disso, os dois aperfeiçoaram a apresentação do repertório de outros compositores. Em seus shows, os Beatles evitavam tornar-se cópias perfeitas de conjuntos famosos – o contrário do que faziam muitas bandas de Liverpool. Quando apresentavam músicas de outros, os Beatles promoviam autênticas *jam sessions*, em números que chegavam a meia hora e enlouqueciam a platéia.

Numa entrevista à revista *Rolling Stone* em 1971, John recordaria as temporadas em Hamburgo e os shows no Cavern como os maiores desempenhos da carreira do grupo. "Nosso melhor trabalho nunca foi gravado – éramos *performers*. Como músicos, nunca progredimos. Depois, viramos artistas que tinham eficiência técnica para gravar, o que é outra coisa."

Um porão escuro, úmido e fumacento. Assim Brian Epstein descreveu o Cavern Club, que ele, no entanto, achou agradável: viu uma multidão de fãs delirar com a apresentação dos quatro garotos no palco. A cena ocorreu no show de 9 de novembro de 1961 e daria contornos definitivos ao futuro dos Beatles. Epstein era varejista de discos em Liverpool. Sua família era dona da North End Music Stores, a Nems, que, com nove lojas, era a maior rede do ramo na cidade. Epstein era judeu e homossexual, num tempo em que ser gay podia levar à prisão na Inglaterra (não que isso fosse provável, mas o fato era que a legislação correspondente continuava em vigor; de todo o modo, a orientação sexual de Epstein só seria publicamente divulgada muito após sua morte). Meticuloso, tinha faro para o sucesso e ordenava aos empregados que tomassem nota de todo disco que alguém pedisse e não estivesse no catálogo de suas lojas.

No final daquele ano, por dois dias seguidos, três adolescentes foram à Nems e pediram *My bonnie*, o disco "alemão" dos Beatles. Epstein encomendou uma caixa na Polydor alemã e ficou intrigado com o potencial do grupo. Ele já devia saber da gravação do disco, noticiada num jornal local de música que era vendido na Nems. Também já devia ter visto, na mesma matéria, a foto dos garotos.

Embora achasse bem desleixadas as roupas e as maneiras dos integrantes do grupo, Epstein notou que, para eles, o que importava era o som que faziam. Gostou do show e disse que o conjunto era diferente e tinha o estofo de que são feitos os astros. Nas três semanas seguintes, Epstein (sempre vestido como homem de negócios, com terno e gravata) assistiu a todos os shows dos Beatles. Depois de cada apresentação, esperava para conversar um pouco com os integrantes da banda.

Brian Epstein se tornou empresário dos Beatles em 24 de janeiro de 1962. A partir de um piso, ele teria direito a 25% da receita bruta obtida pelo grupo – um contrato leonino, já que Epstein ainda acrescentaria ao percentual as despesas de todas as suas contas, inclusive apartamento, carro e restaurantes, rebaixando muito a renda líquida a ser distribuída aos quatro Beatles.

Epstein, entretanto, fez mais: na manhã de 22 de fevereiro, chamou John e Paul para uma reunião fora de seu escritório. Numa pequena casa, o empresário aguardava os dois Beatles na companhia de Dick James, dono de uma administradora de direitos autorais. James propusera a Epstein a criação de uma firma para arrecadar os direitos dos Beatles. Essa empresa seria a Northern Songs.

"Eu e John não sabíamos que a gente podia possuir canções", desabafa Paul na biografia *Many years from now*. "Entramos naquela sala escura e assinamos tudo sem saber do que se tratava. Pensamos que teríamos 100% do negócio. Estávamos nos desfazendo dos direitos das nossas canções." Assim, antes mesmo de "Love me do" (o primeiro e relativo sucesso), metade dos direitos autorais da assinatura Lennon & McCartney passava a ser propriedade de Dick James e Charles Silva (seu contador), com 25% cada um. Epstein ficava com 10%, e John e Paul, com 20% cada um. (O pior aconteceria após a morte de Epstein, em 1967: apesar de todo o esforço de John e Paul para comprar a Northern Songs, James negociou a venda integral da empresa a um investidor. A partir de então, os Beatles tiveram de pagar direitos autorais para tocar as próprias músicas em shows.)

Não obstante, a habilidade, os conhecimentos e o arrojo de Brian Epstein valeram aos Beatles muito mais dinheiro do que poderiam ter sonhado. Além disso, Epstein foi um aglutinador do grupo, um guia no labirinto de gravações, shows, entrevistas, filmes, publicidade. Não poucos biógrafos do grupo apontam a morte do empresário (1967) como um dos principais fatores da dissolução dos Beatles.

O humor de Epstein tinha altos e baixos muito pronunciados. Às vezes ríspido, ele depois se detinha em desculpar-se ao ofendido. No trato diário, costumava ser um cavalheiro, com roupas impecáveis. Paul McCartney lembra que os Beatles já tinham ouvido dizer que Epstein era gay, mas que isso não influenciou em nada o relacionamento do grupo com o empresário. Paul garante não ter recebido cantadas nem mesmo do círculo de amigos de Epstein, também homossexuais. (Em 1974, num bar, John Lennon agrediu um homem por este ter insinuado que ele tivera um relacionamento íntimo com Brian Epstein.)

Em 1962, a prioridade absoluta para Epstein e os Beatles era arranjar um contrato de gravação. O empresário sempre dava um pouco de esperança a John e Paul quando voltava de suas viagens a Londres, a capital também fonográfica do país. Os dois Beatles iam esperá-lo perto da estação ferroviária, mas a resposta era sempre negativa.

Nada dava certo, mesmo quando Epstein convenceu a gravadora Decca a mandar um assistente, Mike Smith, para ver um show da banda em Liverpool. Montou-se em Londres uma sessão de estúdio para produzir um disco-teste (depois, Paul descobriria que Epstein pagou a sessão), mas Dick Rowe, o diretor a quem enviaram o material dos Beatles, ouviu e rejeitou o conjunto. Numa carta a Epstein, ele justificou sua opção: "Os grupos que tocam guitarra elétrica estão saindo de moda". Assim, Rowe perdeu provavelmente o maior contrato da história da indústria fonográfica.

A sorte só mudou para os Beatles em 9 de maio de 1962. Naquele dia, Epstein conseguiu que George Martin, o diretor da Parlophone Records, acertasse um pré-contrato pelo qual o grupo, caso se saísse bem num teste de estúdio, seria contratado de imediato para gravar um disco. O teste ganhava ainda mais importância porque a Parlophone era um selo da anglo-americana EMI-Capitol, então a maior gravadora do mundo.

A data decisiva para o quarteto foi 6 de junho. John Lennon, Paul McCartney, George Harrison e Pete Best entraram nos estúdios da EMI na Abbey Road (a rua londrina que, anos depois, daria nome ao último disco gravado pela banda, embora lançado antes de *Let it be*). Embora não se viesse a aproveitar nenhuma das músicas gravadas nesse dia, George Martin gostou do som da banda. Naquele momento, Martin não podia ter a mais remota idéia de que ele ainda seria cognominado "o quinto Beatle", em razão dos arranjos que faria para as melodias do grupo.

Para gravar o primeiro disco, fizeram-se necessárias mais duas sessões. George Martin acabou ficando satisfeito – mas somente após a troca do baterista. Martin queria colocar no lugar de Pete Best um baterista de estúdio.

A bem dizer, John, Paul e George não faziam questão de manter Best. Se Martin tinha restrições a Best como músico, os outros três Beatles pareciam não apreciar era a convivência com ele, que se mostrava menos enturmado e, segundo alguns, despertava ciúmes por ser o preferido das fãs. Assim, Pete sentia-se um dos Beatles, mas estes achavam que tinham um baterista apenas provisório. Eles então resolveram convidar Ringo Starr, o amigo que haviam feito em Hamburgo e Liverpool. Nos testes, George Martin aprovou a escolha do novo baterista, e os Beatles ganharam a formação definitiva.

"Fomos covardes", comentaria John, referindo-se ao fato de terem delegado a Epstein a tarefa de dizer a Best que ele estava dispensado. John se conformaria lembrando que, se os outros três fossem falar com o baterista, provavelmente haveria briga.

De qualquer forma, Best está na discografia oficial completa dos Beatles. Ele participou não só das gravações enviadas à Decca, como também do primeiro registro de "Love me do" na EMI. Esse material seria adicionado aos CD da série *Anthology*, que Paul, George e Ringo produziram em 1995 e que recuperava parcialmente a memória do antigo baterista. Já ficara num passado remoto, de três décadas, os episódios depressivos que Pete Best viveu em decorrência de sua dispensa. Ressentido, ele questionara o motivo pelo qual foi rejeitado no momento em que os Beatles estavam às portas da fama. Tentou suicidar-se e, durante alguns anos, praticamente sobreviveu vendendo a revistas e jornais suas histórias sobre os tempos de liberdade dos Beatles, com as farras intermináveis na Alemanha.

Em janeiro de 2007, ele e a Warner Music Vision lançaram *Pete Best of the Beatles*, DVD em que rememora os anos vividos no conjunto.

John Lennon, a seu modo, também viveu um período complicado depois que a gravadora aceitou os Beatles. Ao saber que a namorada estava grávida, resolveu casar. Em agosto de 1962, John e Cynthia contraíram matrimônio num cartório, sob o ruído ensurdecedor de uma britadeira ali perto. Quando informaram tia Mimi da futura vinda de Julian, ela apenas suspirou. Mimi se recusou a ir ao casamento e obrigou as meias-irmãs e os outros parentes de John a não comparecer. John passou a noite de núpcias tocando com os Beatles. Anos depois, Cynthia relataria que o casal brigava muito, que ela tinha medo de John e que ele (como já vimos) chegou a agredi-la.

Após todos os percalços, os Beatles enfim gravaram o primeiro disco, um compacto simples com as músicas "Love me do" e "P. S. I love you". O lançamento ocorreu em 5 de outubro de 1962, e o disco chegou ao 17º lugar nas paradas inglesas. Mas, naqueles dias, nenhuma música era realmente notícia: o mundo parou por causa da crise dos mísseis de Cuba, de 14 a 28 de outubro, quando americanos e soviéticos se ameaçaram com o aniquilamento nuclear recíproco.

> Love, love me do,
> You know I love you.
> I'll always be true,
> So please, love me do.

> Ame, me ame de verdade;
> Você sabe que te amo.
> Serei sempre sincero;
> Então, por favor, me ame de verdade.

A abertura de "Love me do" traz claramente a marca da adolescência na parceria Lennon & McCartney. Também "P. S. I love you" tem essa marca (Paul estava com vinte anos quando começou a composição, que dividiu com John). Ao estrearem no disco, Paul foi o vocalista principal de "Love me do". Essa tarefa era sempre exercida por John, mas George Martin pediu um solo de gaita, e quem sabia tocar o instrumento era John.

Com o disco na mão, Epstein redobrou as tarefas do quarteto. As apresentações no Cavern se alternavam com outras, no interior da Inglaterra, e com entrevistas a rádios. Por vezes, os Beatles faziam três shows no mesmo dia. Além disso, no começo de 1962 (antes, portanto, do acerto com a EMI), haviam assinado contrato para mais três temporadas em Hamburgo.

O novo local seria o Star Club, cinema que o proprietário, Manfred Weissleder, estava transformando em boate. Weissleder, que conhecia os Beatles e o tipo de multidão que a música deles atraía em Hamburgo, simplesmente cobrira a oferta de Peter Eckhorn, do Top Ten.

Em 11 de abril de 1962, o grupo foi recebido no aeroporto de Hamburgo por Astrid Kirchherr, e apenas ela: Stu Sutcliffe, aos 21 anos, era o primeiro Beatle a morrer. Na véspera da chegada do conjunto, ele sucumbira a um derrame. John, Paul, George e Pete ficaram transtornados. Só no dia seguinte o corpo seria embarcado para Liverpool, depois que a mãe de Stu cumprisse os ritos da burocracia alemã.

O show não pode parar, diz o ditado. Os Beatles cumpriram seus compromissos no Star Club nas temporadas de 13 de abril a 31 de maio; de 1º a 14 de novembro (já com Ringo na bateria); e de 18 a 31 de dezembro. A aventura hamburguesa, a era do porto alemão, chegava ao fim para os Beatles. No futuro imediato, o quarteto partiria para conquistar o mundo.

2

Beatlemania

George Martin via muita promessa naquela banda iniciante. Três meses após ter produzido o disco *Love me do*, ele lançou o segundo compacto simples dos Beatles: em 11 de janeiro de 1963, chegava ao mercado inglês *Please please me*, que trazia "Ask me why" no lado B. Essas duas parcerias Lennon & McCartney se originavam de idéias de John. Em apenas três meses, a dupla emplacava quatro canções inéditas, com boa receptividade de crítica. O compacto *Please please me* chegou ao primeiro lugar nas paradas inglesas e foi durante quinze semanas consecutivas o disco mais vendido no país.

Brian Epstein arregaçou as mangas e levou os garotos para participações no rádio e na TV, promovendo o compacto. Ainda demoraria um tempo para que John e Paul ganhassem bom dinheiro com direitos autorais, mas o sucesso nas rádios e lojas de discos já permitia a Epstein cobrar cachês melhores pelos shows do grupo.

Em 22 de janeiro de 1963, os Beatles fizeram três apresentações sensacionais. Na BBC londrina, entraram ao vivo com "Please please me" e "Ask me why" num programa de TV com audiência no país inteiro, o que significava milhões de telespectadores. Depois, gravaram para o principal programa de música popular do rádio britânico. Por último, gravaram na BBC um programa de TV com platéia que iria ao ar uma semana depois. A partir dali, os Beatles ganhariam fama nacional.

Os resultados mais do que animaram George Martin, que decidiu arriscar e lançar de imediato o primeiro LP dos Beatles. Ele convocou o quarteto para a gravação de dez músicas em um único dia (11 de fevereiro de 1963). Hoje, qualquer artista recusaria a tarefa, por insana. Os Beatles, porém, gravaram as dez canções para o álbum *Please please me* naquela data.

O disco foi lançado no mercado inglês em 22 de março e chegou também ao primeiro lugar nas paradas. Com um total de catorze músicas, reunia as quatro gravações dos dois compactos já lançados, mais quatro novas canções de Lennon & McCartney e seis sucessos de outros autores. No total, eram oito músicas de John e Paul – novatos já com respeitável currículo, ainda mais quando levamos em conta que, naquela época, os intérpretes raramente eram compositores. O exemplo mais notório é Elvis Presley, que nunca compôs nada.

Entre as novas canções, estava "I saw her standing there", escrita cerca de seis meses antes. Outra inédita era "Do you want to know a secret", feita sob medida para que George Harrison a cantasse. A idéia era envolver todos, inclusive Ringo, na interpretação de músicas, para que os fãs de cada um pudessem admirar seu ídolo em pelo menos uma faixa de disco ou número de show. Era uma antevisão da Beatlemania.

A banda já se estilizara por influência de Epstein. Ele tinha muito olho para o palco e orientava o quarteto sobre como portar-se. A mais célebre invenção do empresário foi a saudação de tronco inteiro dobrado, que os Beatles faziam, teatralmente, ao fim de todo show. Epstein também introduzira o figurino: botas de meio salto, terno com gravata discreta, paletó sem lapela. Ainda por influência de Epstein, os garotos não mais comiam nem bebiam no palco. Tampouco dialogavam com a platéia ou aceitavam sugestões – seguiam o roteiro do espetáculo, e ponto final.

No início de 1963, a banda entrava no show business de modo muito promissor: já traziam de Liverpool e Hamburgo muita bagagem de palco, possuíam equipamento próprio de som, haviam lançado três discos com aceitação nacional, tinham um empresário incisivo e contavam até com uma equipe de apoio, formada de dois profissionais, Neil Aspinall e Mal Evans, que se revezavam na montagem e desmontagem do aparato de palco. Os dois *roadies* também dirigiam o utilitário que os Beatles tinham a seu serviço. Aspinall, que estudara com Paul McCartney, chegaria à presidência da Apple, a empresa dos Beatles. Evans, indicado para a banda por George Harrison, morreria assassinado em 1976.

Desde o início de 1963, os compromissos dos Beatles se concentravam cada vez mais em Londres. A sede da gravadora ficava na capital britânica, assim como as centrais de TV e rádio, as redações dos grandes jornais e revistas e as principais salas de espetáculo. Os quatro músicos, que só no futuro seriam ricos, acostumaram-se então a hotéis baratos na periferia da cidade.

Na noite, muitos programas também eram feitos em grupo. Num deles, segundo relato de Paul McCartney, os Beatles mudaram o rumo da carreira dos novatos Rolling Stones, um grupo então especializado em... blues! Em 23 de abril, John, Paul, George e Ringo, com casacos e bonés pretos, foram a uma boate para conhecer os Stones, curiosos em saber o motivo do enorme público. Ao fim do show, Mick Jagger desabafou com Paul: "Que porra, eu quero um casaco desses! Quero um casaco comprido assim, mas pra isso preciso ganhar dinheiro!" E o que prometia dinheiro era o rock.

Cinco dias antes desse episódio, Paul McCartney conhecera Jane Asher, precoce atriz de cinema e teatro. Ele estava com vinte anos, e ela, com dezessete. Os Beatles tinham uma apresentação ao vivo no Royal Albert Hall, e os fotógrafos pediram a Jane que posasse junto ao grupo. Ela ficou com a banda no intervalo do ensaio para o show e acabou namorada de Paul no mesmo dia. Pelos anos seguintes, as fotos e histórias do casal alimentariam manchetes de jornais e revistas sensacionalistas do mundo todo.

Abril de 1963 marcou também o lançamento de *From me to you*, o terceiro compacto simples dos Beatles. A canção-título fora composta por Lennon & McCartney dois meses antes, em fevereiro, quando os Beatles acompanharam numa turnê nacional a cantora Helen Shapiro, jovem estrela do pop inglês. John e Paul, demonstrando versatilidade, fizeram a música dentro do ônibus da excursão (se havia algum tempo livre, os dois o aproveitavam para compor uma canção em uma ou duas horas).

O lado B trazia "Thank you girl", música que Paul classifica como "de encomenda". Ou seja, era uma das criações para completar um álbum ou um compacto, muitas vezes na última hora e até no estúdio. O agradecimento à garota desconhecida, relembra Paul, é dirigido à multidão de fãs que já seguiam os Beatles por toda a parte.

Esse assédio constante foi a principal razão para que, na metade daquele ano, John, Paul, George e Ringo se mudassem dos hotéis suburbanos de Londres para um apartamento, o qual eles passaram a dividir. Antes, os responsáveis pelos hotéis não suportavam o tropel de garotas que gritavam e corriam atrás de seus famosos hóspedes, incomodando os restantes. Como o conjunto ia cada vez menos a Liverpool e já passava a maior parte do tempo em Londres, Brian Epstein providenciou a locação.

O arranjo, porém, duraria pouco tempo. Paul, o último a chegar, ficou com o pior quarto, pequeno e desconfortável. O apartamento não tinha mobília além das camas, e nenhum dos quatro Beatles tomaria a iniciativa de sair pelas ruas de Londres para comprar armários, mesas e cadeiras. Epstein, temendo a reação das fãs, ainda escondera na chegada a Londres a informação de que John era casado e tinha filho. Mas, naquele primeiro semestre de 1963, a notícia vazou. Já não tinha mais sentido manter Cynthia e Julian à distância, e John reuniu a família num apartamento próprio. Assim, Paul pôde ocupar o quarto de John no apartamento que dividia com George e Ringo.

Essa combinação também não duraria muito. Sempre que levava Jane Asher tarde da noite para a casa dela, Paul recebia – e aceitava – convites dos pais da moça para dormir ali. Certa noite, Jane sugeriu ao namorado famoso morar no sótão da residência dos Asher, já que ele se queixava tanto do apartamento onde estava. Jane tinha o consentimento da mãe, Margareth. Paul não hesitou e, em novembro de 1963, se mudou para lá. Convenientemente, havia um pequeno porão com piano, que Paul usaria (muitas vezes com John) para novas composições. Já Ringo e George suportaram o outro apartamento até o fim do contrato, no segundo trimestre de 1964 (iriam então para outro, um andar abaixo daquele que Epstein ocupava).

Em 26 de junho de 1963, enquanto aguardavam num quarto de hotel a hora de ir para o show noturno num teatro de Newcastle, Lennon & McCartney compuseram seu até então maior sucesso nacional e o primeiro internacional: "She loves you". A bem dizer, eles apenas deram início à canção, que terminariam no dia seguinte, de folga na casa do pai de Paul. Essa música marca o verdadeiro início da Beatlemania.

"She loves you" mostra a primeira abertura de espectro nas letras dos Beatles. Até aquele momento, eles haviam usado e abusado dos pronomes *eu* e *você*, com inversões. Agora, quem canta não é o amante que sofre, nem o que desdenha a companheira; é, sim, a pessoa que traz um recado:

> You think you've lost your love –
> Well, I saw her yesterday.
> It's you she's thinking of,
> And she told me what to say.

> Você acha que perdeu seu amor –
> Bom, eu a vi ontem.
> É em você que ela pensa,
> E ela me disse o que dizer.

Gravado em 1º de julho de 1963, o compacto simples *She loves you* tinha como lado B a canção "I'll get you", composta por Paul e John na casa de tia Mimi. O disco, lançado em 23 de agosto, fez explodir a Beatlemania: foi o primeiro dos Beatles que vendeu mais de 1 milhão de cópias (só no Reino Unido) e ainda lançou o estribilho *yeah, yeah, yeah* (abrasileirado como *iê-iê-iê*).

A partir daí, John, Paul, George e Ringo não puderam mais caminhar pelas ruas sem a proteção de seguranças ou policiais. Garotas fanáticas berravam histericamente pelos ídolos em todo o lugar – na porta de onde eles moravam, nos palcos, nas ruas. Em busca de todo e qualquer suvenir, as moças ameaçavam até a integridade física dos Beatles. Assim, o maior desafio da equipe de apoio era conseguir pôr todos quatro a salvo na van – tanto na ida quanto na volta dos shows.

Em 18 de julho de 1963, pouco mais de duas semanas após o lançamento de *She loves you*, os Beatles tornaram a entrar no estúdio da Abbey Road. Começavam os trabalhos para *With the Beatles*, o segundo LP, com lançamento previsto para o fim daquele ano. John e Paul conseguiram que nenhuma das canções dos compactos fosse regravada no álbum. A preocupação do grupo era não fazer o público pagar duas vezes pela mesma música.

Depois de várias sessões, concluíram o trabalho em 23 de outubro. Além da não-inserção de canções gravadas anteriormente, os Beatles já conseguiam impor-se a empresário e gravadora na apresentação gráfica dos trabalhos: na capa, *With the Beatles* trazia estampada uma foto monocromática de alto contraste dos quatro músicos. A foto, tirada por Robert Freeman, virou ícone, sendo depois copiada e recopiada nas mais diferentes circunstâncias. Os Beatles haviam escolhido Freeman por portfolio, levando em conta os provocativos trabalhos da amiga e fotógrafa de Hamburgo, Astrid Kirchherr.

Mas o lançamento desse segundo LP só ocorreu após dois episódios marcantes na história da banda. O primeiro, um show em Londres; o segundo, uma turnê pela Suécia.

O show foi em 13 de outubro, no London Palladium. Teve transmissão direta da Associated Television, a maior emissora privada da TV inglesa, num programa de grande audiência, o *Val Parnell's Sunday Night*, que apresentava apenas talentos no auge do sucesso. Foram 15 milhões de espectadores no país todo. A gafe ficou por conta dos próprios Beatles, que chegaram aos estúdios no início do programa – quando só estavam escalados para o fim. Quarenta minutos depois, o apresentador os chamou, e eles tomaram conta do show.

A histeria coletiva das meninas foi colossal. A imprensa descreveu as cenas de desmaio, as tentativas de subir ao palco, os gritos, a perda de voz, o choro convulsivo, até os orgasmos em meio a olhares nublados. Os jornais, revistas e emissoras começaram a levar a sério os rapazes de Liverpool, não só pela explosão da Beatlemania, mas também pela arquitetura da composição e da harmonia das músicas do grupo. Em meio ao caos, Lennon & McCartney reinventavam o rock.

O impacto do *Val Parnell's Sunday Night* ainda não se dissipara quando o quarteto embarcou para uma excursão à Suécia. O primeiro compromisso, em 24 de outubro de 1963, foi a gravação de um programa radiofônico em Estocolmo, que iria ao ar em 11 de novembro. Em 25 de outubro, eles foram recebidos com entusiasmo em Karlstad, o que se repetiria nos outros shows suecos, até 29 de outubro. O dia 30 foi dedicado à gravação de um programa de TV, exibido só em 3 de novembro.

Na manhã de 31 de outubro de 1963, os Beatles tomaram o avião para Londres e foram surpreendidos pela primeira recepção no aeroporto: milhares de fãs acenavam e gritavam de longe, na primeira e exuberante manifestação da Beatlemania. Esta se prolongaria até 29 de agosto de 1966, data em que a banda fez seu último show comercial. Nesse meio-tempo, haveria também muita exploração comercial do fenômeno, com a venda de flâmulas dos Beatles, camisetas, pedaços de lençóis em que dormiram (com certificado de autenticidade dos hotéis) pôsteres, autógrafos falsificados...

Lançado em 22 de novembro de 1963, *With the Beatles* vendeu mais de meio milhão de unidades em uma semana, fato espetacular para um LP da época. Entre outros sucessos, contava com "I wanna be your man", música que foi destinada a Ringo. Essa composição de

Lennon & McCartney tem uma peculiaridade: seria lançada antes pelos Rolling Stones, aparecendo como o lado B do compacto simples *Stoned*, de 1º de novembro daquele ano. Com ela, os Stones chegaram pela primeira vez entre as dez mais nas paradas inglesas.

Atraído pelo incêndio musical que os Beatles desencadeavam no Reino Unido, algum alto funcionário da United Artists (UA) percebeu uma falha no contrato da EMI com o conjunto: o documento não abrangia filmes e respectivas trilhas musicais. Na avaliação da UA, os Beatles teriam potencial no cinema até a metade de 1964; para a produtora, tratava-se de explorar um filão que logo chegaria ao fim. Nascia assim, no final de 1963, a idéia de *A hard day's night*, filme que, veremos, exigiria muita criatividade do quarteto.

O sucesso dos Beatles na Inglaterra era tanto que as três grandes redes de TV dos EUA (a NBC, a ABC e a CBS) gravaram partes do show de 16 de novembro de 1963 no Hampshire, com tomadas da histeria das fãs. (As reportagens foram filmadas menos de uma semana antes do assassinato do presidente Kennedy, que monopolizaria o noticiário não apenas dos EUA, mas de todo o mundo.)

No mesmo dia em que haviam se encerrado os trabalhos de estúdio de *With the Beatles*, a banda deixara gravadas mais duas músicas para lançamento em compacto simples, ainda naquele ano. O lado A seria "I wanna hold your hand", e o B, "I saw her standing there". Esse era o trunfo de Martin e Epstein para impressionar os jovens americanos com os Beatles. A estratégia funcionou: em 5 de novembro de 1963, a gravadora recebeu pedidos de compra de meio milhão de compactos no mercado britânico. Nas semanas seguintes, só na Grã-Bretanha, a vendagem passou do milhão de cópias. E o que era melhor para Epstein: a canção "I wanna hold your hand" pulverizou as paradas americanas em venda de discos e veiculação nas rádios. Em três dias, o compacto vendeu 250 mil cópias nos EUA. Isso ajudou muito na estratégia de negociações para que, em fevereiro do ano seguinte, os Beatles se apresentassem no *Ed Sullivan Show*, o maior programa de variedades da TV americana. Em apenas um ano (a contar do primeiro disco do conjunto), a Beatlemania já se tornava fenômeno mundial.

Apesar do sucesso de "I wanna hold your hand", os Beatles, por estranho que pareça, começaram mal o ano de 1964. Em 14 de janeiro, viajaram para Paris sem Ringo, adoentado. Ele chegou no dia seguinte e participou da estréia daquela noite, no Cinéma Cyrano, em Versalhes. O show foi morno, a organização não foi boa, e os Beatles, pela primeira vez, ficaram descontentes com o próprio desempenho.

Em 16 de janeiro, o conjunto não teve maior sucesso na estréia das três semanas de temporada no Olympia de Paris. A recepção da imprensa foi fria, e havia mais homens que mulheres na platéia, de modo que não ocorreu uma troca direta com o palco que quebrasse o gelo. E, depois que o amplificador pifou três vezes numa mesma apresentação, pelo menos um Beatle (George Harrison) especulou sobre a possibilidade de sabotagem.

Durante a temporada no Olympia, Brian Epstein informava os Beatles das novidades musicais. Uma delas dava conta de que *I wanna hold your hand/I saw her standing there* passara do milhão de cópias vendidas também nos EUA; outra, de que em Nova York as vendas chegavam a 10 mil compactos por hora. Epstein entrou em contato com Norman Weiss (empresário americano que já mostrara interesse em levar os Beatles aos EUA) e acertou para o começo de fevereiro duas aparições no *Ed Sullivan Show* e dois espetáculos (em Washington e Nova York).

Epstein sabia que o valor pago pela turnê estava subvalorizado: o contrato previa um total de 7 mil dólares por duas apresentações no *Ed Sullivan Show*, contra os 10 mil dólares em que era cotada, *por noite*, toda atração principal do programa. Mas Epstein farejou as oportunidades para shows em grande escala que as aparições dos Beatles poderiam proporcionar. O empresário não se guiava pela perspectiva imediatista e não queria perder de vista o poderio da TV. Assim, acertou na mosca numa decisão crucial, que renderia um megacontrato para os Beatles no segundo semestre de 1964.

Em 7 de fevereiro, encerrada aquela morna temporada francesa, os Beatles embarcaram para os EUA. Era o momento de afirmação do grupo, um desafio com que John, Paul e George sonhavam desde os tempos dos Quarry Men. Em Nova York, já no aeroporto, milhares de fãs gritavam os nomes dos integrantes do conjunto. Os quatro, surpreendidos pela recepção, acenavam com bandeiras britânicas da porta do avião. A Beatlemania punha os pés na terra de Tio Sam, com impacto na mídia. Numa guinada espetacular, que seria seguida pelos Rolling Stones e várias outras bandas do Reino Unido (na chamada *British invasion*), os Beatles conquistariam com seu rock 'n' roll a terra que inventara o gênero.

Em 9 de fevereiro, eles se apresentaram pela primeira vez no *Ed Sullivan Show*. No estúdio, a platéia se compunha de 728 adolescentes, mas mais de 23 milhões de telespectadores acompanhariam o programa, esmagando todos os recordes mundiais de audiência na TV até aquele dia.

Em 11 de fevereiro, o grupo se apresentou no Washington Coliseum, em meio a mais correria e histeria das fãs. Foi o primeiro concerto ao vivo dos Beatles nos EUA. No dia seguinte, voltaram a

Nova York para um show no Carnegie Hall, dessa vez protegidos das fãs por 362 policiais. Depois, entre 13 e 21 de fevereiro, prepararam-se para a gravação do segundo programa de Ed Sullivan e curtiram muitas garotas em Miami Beach, na Flórida. Naqueles poucos dias de folga, Paul McCartney fez ironia consigo mesmo ao pensar que o título da música "Can't buy me love" devia ser o inverso ("Você *pode* comprar o meu amor..."). A banda retornou da turnê americana em 22 de fevereiro, com muitas conquistas na bagagem.

Os Beatles tinham uma agenda que só pode ser cumprida quando se é jovem – e, na época, o mais velho estava com 23 anos. Dois dias após a volta a Londres, eles entravam no estúdio da Abbey Road para começar a gravar as canções do longa-metragem, ainda sem título definido. As filmagens seriam feitas depois das gravações no estúdio, pois os Beatles dublariam a si próprios. Já estavam prontas quase todas as canções, como "Can't buy me love".

Essa música seria pinçada do repertório do filme e, em 20 de março, lançada como compacto simples. Os pedidos antecipados de compra de *Can't buy me love/You can't do that* chegaram a 1 milhão de cópias na Inglaterra e 2,1 milhões nos EUA. Paul compusera a música na temporada de janeiro em Paris, ao piano colocado em seu quarto de hotel. Os Beatles iam compondo "por agenda": precisavam do repertório para o filme e para outro LP no fim do ano.

"Can't buy me love" foi uma das principais canções de autoria só de Paul para o filme. Outras foram "Things we said today" e "And I love her", uma balada para a namorada, Jane Asher. Algumas, como "If I fell", eram típicas parcerias de Lennon & McCartney. Outras ainda eram apenas de John, como "Tell me why" e "A hard day's night", que se tornaria a canção-título.

O título viera de Ringo: indagado como estava, ele respondera com "It's been a hard day's night", que seria algo como "Tem sido a noite de um dia difícil", o que, em inglês, soa bem estranho e engraçado. A expressão ganhou unanimidade, mas faltava uma música para encaixá-la no filme. John escreveu a frase num papel e prometeu trazer a canção no dia seguinte, o que ele de fato fez. Foi a última música que gravaram para o filme, em 16 de abril (o restante da trilha musical fora registrado em estúdio no fim de fevereiro). As filmagens começaram em 2 de março.

Do lado de fora, a expectativa era de que o filme repetisse fórmulas e padrões que já haviam queimado muitos cantores e instrumentistas quando passavam do palco à tela. Tudo apontava para o mesmo desfecho de sempre: baixo orçamento, ou o Elvis que faz o papel de soldado nos cinemas (uma das decepções de Paul na juventude). Só que aquele era um filme dos Beatles. E, no cinema, isso também fez diferença.

O diretor, Richard Lester, e o roteirista, Alun Owen, optaram por não fazer os Beatles interpretarem papéis. John, Paul, George e Ringo encarnariam um tipo de cinema-verdade, um quase documentário. As falas seriam propositalmente curtas, com o atrativo do humor natural de cada um. Alun conviveu com os Beatles na rotina diária e usou no roteiro muitas expressões espontâneas dos quatro músicos.

Devido às limitações orçamentárias, rodaram *A hard day's night* em preto-e-branco, o que Paul viria até a comemorar, porque "Nos deram cor em *Help!* e ficou uma bosta", referindo-se ao segundo filme do grupo, de 1965. John, entretanto, criticaria as duas películas. Para ele, *A hard day's night* fixou estereótipos que depois acompanhariam a banda: o próprio John como o inteligente; Paul como o bonitinho talentoso; George como o introspectivo; e Ringo como o desconexo que provoca risadas.

As últimas tomadas de *A hard day's night* foram feitas em 24 de abril. Em 3 de junho, seguiram para uma turnê pela Dinamarca, Holanda, Hong Kong e Austrália. Foram sem Ringo: o baterista estava de cama, com uma crise de faringite que o obrigou a operar as amígdalas, e George chegara a propor o cancelamento do roteiro de viagem, já acertado por Brian Epstein. O empresário então recorrera a George Martin, que indicou como substituto temporário o veterano Jimmy Nicol. Entre outras referências, Nicol tocara num grupo cover para as gravações de um LP chamado *Beatlemania*. Pelo menos, intimidade com a música dos Beatles ele tinha.

O sucesso da parte inicial da turnê foi enorme, mas a Austrália reservava uma surpresa para toda a comitiva: no caos da histeria coletiva, muita gente acabou ferida. Em Adelaide, nos quinze quilômetros do aeroporto ao hotel, aglomeraram-se mais de 300 mil pessoas para avistar os ídolos. Em Melbourne, a multidão chegou a 250 mil. Os shows foram vistos por cerca de 200 mil pessoas, quebrando recorde após recorde. Em 14 de junho, Ringo se juntou aos outros Beatles no prosseguimeto da excursão. Jimmy Nicol fora Beatle por quase duas semanas.

O grupo encerrou o giro pela Austrália e retornou para a estréia mundial de *A hard day's night*, no London Pavillion. Em 6 de julho de 1964, o Piccadilly Circus e as ruas próximas foram fechadas pela polícia, para evitar a multidão dos 12 mil fãs que queriam ver e tocar os ídolos na entrada. A realeza britânica estava representada pela princesa Margaret e seu então marido, lorde Snowdon. Os críticos de cinema do mundo inteiro se entusiasmariam ao comentar a fita, louvando a mistura de estilos, o cinema-verdade, o semidocumentário que encenava elementos culturais diversos.

O filme *A hard day's night* (no Brasil, *Os reis do iê-iê-iê*) deu lucro de 200% aos produtores antes mesmo de ter estreado, apenas com a venda do LP da trilha musical. Eram as doze novas obras-primas que a dupla Lennon & McCartney produzira praticamente durante as excursões, somadas a outros seis sucessos lançados anteriormente. O disco disparou nas paradas e chegou de imediato ao primeiro lugar. E o filme, só na semana de estréia, faturou 8 milhões de dólares.

Em 10 de julho, os Beatles pegaram um avião para assistir à estréia de *A hard day's night* na cidade natal. Em homenagem aos quatro heróis que popularizaram o nome de Liverpool no mundo todo, cerca de 200 mil pessoas (perto de um quarto da população local) se postaram ao longo do percurso do aeroporto ao cinema.

No começo de agosto, os Beatles voltaram aos palcos na Inglaterra e em curta aparição, pela segunda vez, na Suécia. Em 18 de agosto, embarcaram para a segunda turnê pelos EUA. Os compromissos não seriam mais apenas dois shows para a TV e duas aparições públicas, como no início de 1964. Agora, Brian Epstein assinara um contrato que exigiria o máximo de seus contratados: a temporada começaria dia 19 de agosto, em San Francisco, e se estenderia até 18 de setembro, em Dallas. Uma carga de trabalho absurda, com 32 shows em 34 dias, num total de 24 cidades.

O roteiro foi cumprido no auge da Beatlemania nos EUA, com viagens de avião ou limusine, mais os compromissos sociais que qualquer autoridade julgava ter o direito de exigir dos integrantes da banda. Tudo cronometrado com as sessões de fotos, reportagens para jornais, revistas e televisões.

A chegada a San Francisco, em 18 de agosto, foi emblemática. Já no pouso, 10 mil adolescentes gritavam histericamente pelos ídolos. Os Beatles foram levados numa limusine, que seguia devagar e parava muito para que os fotógrafos registrassem a chegada dos músicos. Pouco depois, o motorista precisou fugir das fãs, que ameaçavam pular em cima do carro.

A banda foi então para o Hilton Hotel. A partir daí, John, Paul, George e Ringo ficaram submetidos a um duplo cerco: o das fãs e o dos policiais e seguranças armados, com ordem de não deixar ninguém chegar perto dos quartos dos ingleses. Estes não podiam desfrutar o sucesso, eram prisioneiros da fama. Tal foi, aproximadamente, a rotina dos Beatles no verão americano de 1964.

Ainda em San Francisco, um episódio ilustra os extremos da Beatlemania nos EUA. Charles O. Finley, um milionário de Kansas City, dono de time de beisebol, visitou Brian Epstein e lamentou que a excursão americana não incluísse sua cidade. Para contentar os jovens de Kansas City, Finley estava disposto a fazer uma oferta. Epstein ouviu primeiro a de 50 mil dólares e recusou em seguida a de 100 mil dólares. Enfim, quando Finley preencheu e lhe entregou um cheque de 150 mil dólares, o empresário pediu tempo para consultar o grupo. Havia apenas um dia de folga na maratona que o próprio Epstein engendrara para os Beatles, e ele sabia bem disso. Aí, foi ao encontro dos quatro e explicou a situação. John olhou o cheque, deu de ombros e disse ao empresário que fariam o que ele quisesse. Durante muito tempo, aquele seria o show mais caro do mundo, encaixado na data de 17 de setembro.

Dois empresários de Chicago inventaram então um jeito de ganhar com os Beatles sem pagar a estes: compraram os lençóis e fronhas dos quartos de hotel em que eles ficaram em Kansas City, retalharam os panos e venderam pequenos pedaços por dez dólares, com atestado de procedência. Depois disso, qualquer coisa que os Beatles houvessem tocado ou até olhado se tornava mercadoria.

Em 21 de setembro, encerrada a turnê americana, a banda embarcou para Londres. Passados mais dezenove dias, em 9 de outubro, retomaram a temporada inglesa do ano, com 54 shows em 33 dias, indo a 25 cidades. O roteiro básico eram salas de cinema de três grandes distribuidoras. As salas não comportavam muito público, e era comum adolescentes lamentarem não conseguir ingresso para ver os ídolos.

Duas novas músicas de Lennon & McCartney foram compostas, gravadas e lançadas em compacto simples no meio da turbulência dos shows de 1964. A ascensão desse disco ao primeiro lugar nas paradas foi imediata. O lado A trazia "I feel fine", e o B, "She's a woman". No auge de tanta agitação, John e Paul ainda encontraram tempo para compor as canções do LP de fim de ano, *Beatles for sale*, lançado menos de seis meses após o espetacular sucesso da trilha musical de *A hard day's night*.

Na elaboração das músicas dos Beatles até 1967 (inclusive), John ou Paul em geral tinha uma idéia (de letra, música ou ambas as coisas) que mostrava ao outro nos dias estipulados para compor. Como vimos, a dupla sempre conseguia extrair pelo menos uma canção a cada encontro.

Se haviam começado a compor em dupla na sala do sobrado do pai de Paul, agora o faziam, e com maior freqüência, na sala de música da mansão que John comprara num subúrbio rico de Londres. (Ele e Cynthia, quando moravam em apartamento na capital, eram vítimas constantes das beatlemaníacas. Por isso, mudaram-se de lá.) A casa, indicada por Brian Epstein, era um exagero com nada menos que 27 cômodos. (Num deles, anos depois, Cynthia surpreenderia Yoko Ono vestida com um de seus robes.)

"Eight days a week", o maior sucesso de *Beatles for sale*, surgiu do diálogo entre Paul e o taxista que o levava para compor na casa de John. Jogando conversa fora, Paul perguntou se o homem andava ocupado. A resposta foi: "Estou dando duro oito dias por semana!" Paul pagou a corrida e contou a John que não tinha canção nem letra, mas que já trazia um título. Os dois trabalharam o resto do dia, e a canção surgiu inteira.

> Ain't got nothing but love, girl,
> Eight days a week.
>
> Eu não tenho nada, garota, a não ser amor,
> Oito dias por semana.

Beatles for sale apresentava oito canções inéditas. Uma das novas músicas de Lennon & McCartney, "I'll follow the sun", fora iniciada na casa do pai de Paul, em Liverpool. Em 1964, os dois ainda tinham material da época de adolescência para finalizar e incluir em disco. E, se não fossem as viagens, teriam composto muito mais naquele ano.

O LP *Beatles for sale* disparou nos primeiros lugares das paradas de sucesso mundiais, o que já se tornara rotina. Mas o excesso de trabalho em 1964, com quatro grandes excursões, um filme, dois LP e dois compactos, se repetiria quase exatamente no ano seguinte. O ritmo massacrante cobraria enfim seu preço aos Beatles, que estavam na estrada havia oito anos: a partir de janeiro de 1965, ele só se apresentariam em público mais vinte meses.

Após um dos shows da turnê americana, os Beatles haviam fumado maconha pela primeira vez. Foi em Nova York, em 28 de agosto de 1964. Quem levou erva à suíte dos Beatles foi Bob Dylan. Até Brian Epstein fumou – e aprovou. A droga acompanharia o conjunto até seu final, mudaria o eixo de muitas das composições de Lennon & McCartney e seria consumida pelos integrantes do conjunto mesmo muito depois.

No cancioneiro dos Beatles, proliferariam as referências à maconha, assim como as indicações do uso de LSD e (no caso de John Lennon, em fase posterior) heroína. Mas, em 1965, John fez referência apenas ao próprio Bob Dylan (de quem era fã) na balada "You've got to hide your love away". Essa foi uma das músicas escolhidas, no começo daquele ano, para integrar a trilha musical de *Help!*, o segundo filme que os Beatles fariam.

Em 19 de janeiro de 1965, com o grupo ainda em férias, Epstein viajou para os EUA. Ia acertar preços e roteiro da nova turnê americana, prevista para agosto. O figurino era o mesmo do ano anterior, com shows em várias cidades, ainda aproveitando ao máximo a Beatlemania.

Em 15 de fevereiro, os Beatles voltaram ao estúdio para começar a gravar as músicas que constituiriam a trilha musical de *Help!*. Como em *A hard day's night*, eles mesmos se dublariam, e a trilha musical (também a ser lançada em LP) precisava ficar pronta antes do início das filmagens. Naquele dia, gravaram "Ticket to ride", de John; "Another girl", de Paul; e "I need you", a primeira grande música de autoria de George Harrison registrada pelos Beatles. "The night before", de Paul; "You've got to hide your love away", de John; e uma parceria dos dois, "You're going to lose that girl", foram as outras faixas gravadas antes da viagem para o início das locações. Estas seriam nas Bahamas. O cronograma das filmagens incluía ainda uma estação de esqui e a finalização em estúdio.

Depois de terem gravado seis músicas em oito dias, os Beatles tomaram o avião para as Bahamas em 23 de fevereiro. Dessa vez, ao contrário do que ocorrera no trabalho com Alun Owen em *A hard day's night*, o roteiro do filme não nasceu com a colaboração dos quatro músicos. Escrito por Marc Behm, ele já fora rejeitado por Peter Sellers. O diretor Richard Lester contratou Charles Wood para reescrevê-lo levando em conta que o filme seria um veículo para os Beatles.

Com gracejos distribuídos entre os quatro, a fita de aventura seria um fracasso de crítica, embora não de público, dada a veneração dos jovens pelo conjunto. Segundo Paul, os Beatles não estavam interessados no novo filme, que parecia tê-los não como protagonistas, mas como convidados especiais. John foi curto e grosso ao definir o projeto: "É uma merda". Após a inesperada e inspirada estréia de *A hard day's night* apenas um ano antes, *Help!* parecia ser o tipo de película medíocre e estereotipada que os críticos haviam previsto para os Beatles. Estes devem ter concordado, já que nunca mais fariam juntos outro filme para cinema (*Magical mystery tour* seria rodado especificamente para a TV).

As tomadas nas Bahamas se estenderam de 23 de fevereiro a 10 de março. Depois de uma escala em Londres, viajaram para a estação de esqui de Obertauern, na Áustria, onde fariam novas filmagens, de 14 a 20 de março. Elas foram retomadas num estúdio de Londres, em 26 de março. Pouco antes disso, a gravadora EMI preparava o lançamento de um compacto, com "Ticket to ride" no lado A e "Yes, it is" no B.

A participação dos Beatles em *Help!* acabou em 11 de maio de 1965. Em seguida, os realizadores fariam tomadas de Londres que dispensavam a participação da banda. O problema com o título do filme já estava então resolvido. Até abril, mantivera-se o título provisório, *Eight arms to hold you* (*Oito braços para abraçar você*). John e Paul o detestavam, entre outros motivos porque não servia para ser nome de música. Após uma reunião em que alguém soltou um "Help!" ("Socorro!"), John Lennon anotou a sugestão para compor a música-título do filme.

Originariamente, a canção não era um rock. Seu andamento e sua delicadeza deveriam soar mais como o que Caetano Veloso imprimiria à música ao regravá-la. Mas "Help!" foi acelerada, transformando-se em rock agitado para acompanhar o ritmo vertiginoso do filme, que tinha apenas sete músicas. O LP com a trilha musical registra mais sete composições.

Uma delas é "Yesterday", a obra-prima de Paul McCartney. A música mais regravada, vendida e tocada em rádios e televisões do mundo inteiro é, literalmente, onírica: Paul a compôs em maio de 1965, na casa de Jane Asher, ao acordar com a melodia na cabeça. Foi de imediato ao piano, fez a seqüência dos acordes para decorá-los (nem Paul nem John sabiam ler partitura) e ficou sem saber se a música era mesmo sua ou se ele teria sonhado com alguma melodia que já ouvira.

Paul mostrou a canção a várias pessoas, perguntando se já a conheciam. Dissipada a dúvida (a melodia era mesmo inédita), ele a gravou sem os outros Beatles, acompanhado por um quarteto de cordas, idéia do genial arranjador George Martin.

    Yesterday,
    All my troubles seemed so far away.
    Now it looks as though they're here to stay,
    Oh I believe in yesterday.

Ontem,

Todos os meus problemas pareciam tão distantes!

Agora, parece que eles vieram para ficar;

Ah, eu acredito no que passou!

Em 12 de junho de 1965, os Beatles (e não só eles) foram surpreendidos com o anúncio de que receberiam a Ordem do Império Britânico. Aceitaram a condecoração um tanto perplexos, enquanto o palácio de Buckingham recebia a devolução de inúmeras comendas de indignados heróis da Grã-Bretanha, inconformados por dividirem a honraria com quatro músicos de rock.

Em 20 de junho, os Beatles saíram em pequena turnê pela Europa continental. Foram duas semanas em que fizeram shows na França, Espanha e Itália. Assim como nos shows de Paris no ano anterior, os teatros não lotaram, e o conjunto foi recebido com muito menos fervor que nas cidades inglesas, australianas e americanas. Claro que os Beatles não deixavam de ser a principal banda do mundo, mas o entusiasmo era menor. Por outro lado, o desgaste também.

No retorno a Londres, os Beatles tiveram uma noite de gala: em 29 de julho de 1965, perto do London Pavillion, 10 mil fãs aguardavam a passagem para a estréia mundial de *Help!*, com a presença de membros da família real. Os quatro chegaram, como convinha, num Rolls-Royce negro. Após a projeção, houve suntuosa recepção no Dorchester Hotel.

Em 13 de agosto, milhares de fãs foram ao aeroporto de Heathrow para outra despedida dos Beatles, pois começava a nova temporada dos quatro músicos nos EUA e Canadá. Brian Epstein tinha inovações para os shows do final de 1965: pela primeira vez na história, artistas se apresentariam em estádios esportivos. A idéia era permitir o ingresso do maior número possível de pessoas, ganhando muito dinheiro, claro, e resolvendo o problema da precária segurança nos palcos de cinema ou teatro (aos quais as fãs, sistematicamente, tentavam subir para agarrar seus ídolos).

Em 14 de agosto, os Beatles gravaram para o *Ed Sullivan Show* usando o novo repertório, com Paul solando "Yesterday". Sullivan também fez parceria com Epstein para produzir o documentário do primeiro show da nova turnê. No Reino Unido, esse filme seria apresentado pela BBC em 1º de março de 1966. Ele registrava talvez o auge da Beatlemania: em 15 de agosto de 1965, um domingo, os quatro músicos inauguraram a época dos grandes concertos em estádios. Naquele dia, batendo todos os recordes de espectadores e bilheteria, eles se apresentaram para mais de 55 mil pessoas no Shea Stadium, sede do time de beisebol New York Mets. Numa operação quase militar, os Beatles desembarcaram no heliporto mais próximo, desceram até a garagem do prédio e seguiram para o estádio num carro-forte da Wells Fargo.

A estratégia já criada por Brian Epstein e pelos produtores dos shows nos EUA se repetiu durante a temporada. Ela durou de 15 a 31 de agosto de 1965, sendo portanto mais curta que a do ano anterior; mas, em cinco das datas, os Beatles fizeram dois shows no mesmo dia. Especialmente John, George e Ringo sentiam-se cada vez mais encarcerados em hotéis e mais irritados com o fato de o público não ouvi-los – chegaram a verificar isso parando de tocar no meio de uma música, o que não foi percebido pela platéia: as fãs urravam e gritavam, em delírio, mas não ouviam nem deixavam ninguém ouvir a música. John berrava palavrões ao microfone, e ninguém notava.

Assim, nem mesmo o milhão de dólares arrecadado nessa turnê pelos EUA acrescentava muita coisa aos Beatles. Já eram milionários havia um ano e não gostaram da proposta de Epstein de fazer novo giro pelo Reino Unido – e gravar novo LP. Só concordaram com os shows britânicos quando estes foram reduzidos a nove datas, em dezembro, pois já teriam então conseguido terminar o sexto LP em três anos. E Epstein foi advertido: a época dos shows estava acabando. O empresário não tinha mais o comando absoluto do grupo.

Desde o regresso dos EUA, em 2 de setembro de 1965, os Beatles estiveram em férias. Isso se acharmos que sair de férias é compor catorze novas canções, algumas delas míticas, para um LP chamado *Rubber soul*. Se este não é considerado o melhor álbum do conjunto, quase todos os críticos pelo menos o apontam como uma virada em direção à maturidade. Para George Martin, *Rubber soul* foi o sinal de que a dupla Lennon & McCartney se tornara adulta.

Os trabalhos de estúdio começaram em 12 de outubro e terminaram em 11 de novembro. No primeiro dia de gravação, John solou duas de suas músicas, "Run for your life" e a delicada e *nonsense* "Norwegian wood (This bird has flown)". O disco tinha também ironia e jogo de palavras em "Drive my car" (eufemismo do blues com conotação sexual), parceria que Paul indica como a única vez em que pensou que não conseguiria compor nada numa sessão com John. Paul chegou à casa do outro com a melodia, mas não tirava da cabeça uma péssima idéia que veio agregada à canção. Como quase sempre, entretanto, Lennon & McCartney conseguiram elaborar ao menos uma canção por dia de trabalho conjunto.

"Nowhere man" é uma autocrítica de John. Ele contaria que, depois de uma noite fora, passou cinco horas tentando compor uma música boa. Acabou desistindo, mas, quando se deitou, a melodia e a letra chegaram juntas, e ele, sonolento, foi para a sala de música. "Nowhere man" retrata a depressão de John, provocada em especial pela insatisfação no casamento. Paul tinha igualmente crises no noivado com Jane Asher e as retratou em "I'm looking through you". Também está em *Rubber soul* a segunda música mais tocada e gravada de todos os tempos: "Michelle". Assim como "Yesterday", foi composta por Paul.

Em 23 de novembro, doze dias após a conclusão dos trabalhos de estúdio de gravação de *Rubber soul*, os Beatles entravam em estúdio de cinema para rodar vídeos promocionais, que seriam entregues a divulgação no rádio e na TV. Gravaram-se cinco músicas (duas delas do compacto seguinte, com "We can work it out" e "Day tripper"), e as cópias começaram a ser enviadas no dia subseqüente. Epstein, forçado pela negativa dos Beatles em comparecer a infindáveis eventos promocionais de shows e discos, inventara o videoclipe.

Em 3 de dezembro, os Beatles iniciavam em Glasgow a curta turnê de 1965 pela Grã-Bretanha. No roteiro, dois shows em Liverpool, em 5 de dezembro. Em 12 de dezembro, o grupo fez em Cardiff, no País de Gales, o último show em território do Reino Unido – mas só quatro pessoas já sabiam disso.

Os Beatles decidiram começar 1966 em férias. Em seguida, após mais de três meses de inatividade, reuniram-se nos estúdios da Abbey Road em 6 de abril para iniciar a gravação do novo álbum, que receberia o título *Revolver*. Para muitos críticos, o LP marca o auge de Lennon & McCartney na inspiração criativa. Além disso, mostra um acabamento de estúdio e um tratamento instrumental que superavam tudo o que os Beatles haviam feito até então. Os meses de folga tinham rendido não só letras maduras e diferenciadas, mas também experimentação na mixagem.

"Taxman", de George Harrison, abre o disco e prenuncia as belas obras que seguem. "Eleanor Rigby" é a segunda faixa. Densa e poética canção sobre a vida e a morte de uma mulher pobre que se dedicava à Igreja, a música tem um traço específico na discografia de Lennon & McCartney: é uma das duas (a outra é "In my life", do álbum anterior, *Rubber soul*) em que eles divergiram sobre a autoria.

Barry Miles, o biógrafo de Paul McCartney, relata ter recolhido em inúmeras entrevistas de John Lennon a versão que ele, Miles, acabaria adotando sobre a participação de um e outro Beatle em cerca de setenta músicas. Depois, em entrevistas com Paul McCartney posteriores à morte de John, Miles o consultou a respeito. Em "In my life", a discrepância é que, segundo John, a colaboração de Paul foi apenas harmônica; Paul, por sua vez, alega ter composto boa parte da melodia, com base nos versos iniciais de John. Já em "Eleanor Rigby", John diz ter composto a segunda parte, depois da primeira estrofe, de Paul; mas este é categórico: a música é toda de McCartney. De qualquer modo, Paul ponderaria que, após doze anos de composição em dupla, era gratificante que tivessem discordado sobre a autoria apenas dessas duas canções.

George Harrison contribuiu com mais duas faixas de *Revolver*: "Love you too" e "I want to tell you". Outras canções que integram o LP são "I'm only sleeping", "Here, there and everywhere", "Yellow submarine", "For no one", "Got to get you into my live" e a vanguardista e psicodélica "Tomorrow never knows".

Em estúdio, as gravações de *Revolver* terminaram em 22 de junho, o que significa que os Beatles tiveram mais de dois meses e meio para completar o álbum (e não um dia, tempo que lhes fora concedido pela EMI para fazer o primeiro LP, *Please please me*, em 11 de fevereiro de 1963).

Epstein já aceitara a idéia de que, no futuro, os Beatles não poderiam mais ser expostos em infindáveis shows mundo afora – mas, para 1966, ainda insistiu na idéia. O grupo visitaria a Alemanha, o Japão, as Filipinas e os EUA e, no fim do ano, deveria fazer um giro pela Grã-Bretanha.

Dois dias após terem encerrado os trabalhos de *Revolver*, os Beatles viajaram para Munique, onde se apresentaram em 24 de junho de 1966. No dia seguinte, tocaram em Essen e foram para Hamburgo. Em 26 de junho, após dois concertos em teatros lotados, John e Paul decidiram sair por essa última cidade num roteiro nostálgico, encontrando-se com amigos dos velhos tempos, como Astrid Kirchherr.

Em 27 de junho, os Beatles fizeram conexão aérea em Londres e seguiram viagem para o Oriente. Chegaram a Tóquio em 30 de junho e foram recebidos por um esquema de segurança lunático: mais de 35 mil policiais seriam mobilizados até 2 de julho. A banda fez nove shows no Japão, um deles filmado e transformado em programa de TV.

Em 3 de julho, os Beatles viajaram para as Filipinas. Lá, conheceriam de perto a ira e a retaliação de que um governo autoritário é capaz. Na mesma data, um dia antes dos dois shows programados para a capital filipina em 4 de julho, o *Manila Sunday Times* anunciava numa pequena nota que os quatro músicos haviam sido convidados para uma recepção por Imelda Marcos, mulher do presidente Ferdinand Marcos (que, se ainda não era escancaradamente ditador, já mandava e desmandava no país).

Os Beatles não tinham recebido convite algum, e o horário anunciado para a recepção praticamente coincidia com o do primeiro show, marcado para a tarde. Os quatro simplesmente desconsideraram a nota da imprensa local e cumpriram o programa. Só que, em 5 de julho, quando deixariam o país, uma manchete do mesmo *Manila Sunday Times* os acusou de terem esnobado os Marcos ao não visitá-los, num encontro preparado para quatrocentos convidados. Choveram ameaças de bomba e morte não só nos telefones do hotel onde estavam os Beatles, como também nos da embaixada britânica. Epstein, ao ver que o esquema policial de proteção aos Beatles desaparecera, percebeu a seriedade da situação.

Enquanto o promotor local dos shows se negava a pagar ao empresário os valores combinados (provavelmente por temor a represálias palacianas), um inspetor fiscal apareceu do nada e exigiu que os Beatles, para deixar as Filipinas, quitassem os tributos referentes aos ganhos nos shows no país. O *nonsense* da situação levou Epstein a pagar do próprio bolso os impostos, para que pudesse garantir a integridade física da banda.

No trajeto do hotel ao aeroporto, cerca de duzentas pessoas, incitadas à violência pela matéria do *Manila Sunday Times*, seguiram os Beatles com insultos e ameaças. No aeroporto, sem proteção, John, Paul, George e Ringo foram alcançados, empurrados e agarrados, mas não sofreram agressões. Já Epstein, Mal Evans e Alf Bicknell (o chofer dos Beatles) apanharam várias vezes ao tentarem fazer um precário cordão que isolasse a multidão dos quatro músicos.

Dentro do avião, exaustos e amedrontados, os Beatles e seu *staff* ainda não estavam livres. O controle de tráfego, ao que tudo indica por orquestração do regime filipino, solicitou a presença de Mal Evans e outro assessor do grupo, Tony Barrow. Todos temeram que os dois fossem presos. Mas o burocrata da alfândega lhes explicou que, devido ao não-preenchimento de alguns papéis, não havia registro regular de ingresso dos Beatles nas Filipinas. Isso os tornava imigrantes ilegais – o que Barrow e Evans empalideceram ao ouvir. Passado o "trote", assinaram-se os papéis que liberavam o vôo; os Beatles tinham ficado 44 minutos no avião sem conhecimento do que acontecia. A última de Marcos foi uma ironia: poucos minutos após o grupo ter deixado o país, o presidente, em nota à imprensa, afirmou que os Beatles não haviam tido a intenção de detratar nem Imelda nem o governo filipino.

Acabada a turnê, os Beatles tinham programado passar alguns dias de folga na Índia, entre outras coisas pelo interesse cada vez maior de George pela música daquele país. Ele conhecia a cítara desde 1965, quando viu um figurante do filme *Help!* tocar o instrumento, e já a usara no arranjo de "Norwegian wood", em *Rubber soul*.

Mas a esperança do quarteto de usufruir alguns momentos de paz num lugar remoto, com espiritualidade elevada, acabou no aeroporto de Nova Deli: uma multidão de beatlemaníacos indianos os esperava naquele mesmo 5 de julho em que, nas Filipinas, sentiram tanto pânico. O humor dos Beatles se exaurira. Em 8 de julho, voltaram para Londres.

A próxima turnê teria como destino outra vez a América do Norte, com início previsto para 13 de agosto de 1966, em Detroit. O ambiente nos EUA começara a ficar hostil ao grupo quando, em 29 de julho, a revista *Datebook* divulgou uma entrevista que John Lennon dera no início do ano ao tablóide londrino *Evening Standard*. Nessa entrevista, ele dissera: "O cristianismo vai acabar. Ele vai encolher e sumir. Não sei o que vai acabar primeiro, se o rock 'n' roll ou se o cristianismo. No momento, somos mais populares que Jesus. Ele era legal, mas seus discípulos eram tapados e banais".

Líderes religiosos, políticos e grupos como a Ku Klux Klan investiram em uníssono contra os Beatles. Antes que estes tivessem voltado aos EUA, orquestrou-se uma campanha, e 22 rádios do Sul baniram as músicas do grupo da programação. A TV americana mostrava diariamente as fogueiras que se faziam com discos dos Beatles – remetendo aos tempos do nazismo, quando se queimavam livros.

Num ambiente assim, Brian Epstein chegou a pensar no cancelamento da turnê. Mas, na tentativa de preparar terreno para a chegada dos Beatles (sobretudo a de Lennon), convocou coletivas para 6 de agosto. Procurou explicar racionalmente o contexto das frases pinçadas naquela entrevista, mas só teve sucesso parcial. Ainda assim, os shows estavam confirmados.

Em 11 de agosto de 1966, os Beatles desembarcaram em Chicago. John, lívido, enfrentou a imprensa pesada americana e internacional (e não aquela a que estavam acostumados, cujos repórteres se limitavam a perguntas do tipo "Quando você casa, Paul?"). Filmado pelas mais importantes emissoras de TV, gravado pelas principais rádios e jornais do mundo, perguntavam-lhe sobre a origem de suas "declarações blasfemas". Uma e outra vez, apoiado pelos outros Beatles, tentou explicar que não tinha preconceito contra a religião de ninguém.

O efeito final do episódio foi que se criaram grupos "anti-Beatles" e "pró-Beatles", os quais se enfrentavam em batalhas de rua perto dos estádios onde seriam realizados os shows. Um sinal de que o conjunto perdera parte do glamour entre os fãs foi que raras vezes tiveram lotação completa durante a turnê. A caravana se estendeu de 13 de agosto, em Detroit, a 29 de agosto, em San Francisco, com apresentações em treze cidades.

Nos shows, os Beatles deixaram de incluir músicas mais recentes. Eram "canções de estúdio", com mixagem e efeitos especiais que teria sido impossível reproduzir ao vivo. Claramente, o quarteto se direcionava agora para a composição e a gravação, não mais para as apresentações públicas.

Foi nesse contexto que se destacou um dos shows da temporada. Em 21 de agosto, em Saint Louis, o grupo se apresentou debaixo de temporal. A multidão berrava (como de costume) e chapinhava na lama. Paul temeu ser eletrocutado caso entrasse água no equipamento de som. "Quem precisa disso?", ele se lembra de ter perguntado a si mesmo.

Paul conta que, depois desse show (um dos piores da carreira), ele entrou no microônibus que os levaria de volta ao hotel, jogou-se numa poltrona e desabafou com vários palavrões. Então, voltando-se para John, George e Ringo, afirmou: "Concordo com vocês – também estou cheio dessa merda!" Paul sempre relutara em parar com as apresentações, mas agora enxergava o que os outros já viam: a inutilidade de fazer show para uma platéia que não escutava as músicas.

Em 29 de agosto, perto de 25 mil fãs acompanharam o último espetáculo da carreira dos Beatles, em San Francisco. Sabendo da importância do evento, John e Paul levaram câmeras ao palco, para tirar fotos dos outros membros do conjunto. Paul ainda pediu que o concerto fosse gravado pela Nems, a empresa de Brian Epstein, o que foi feito – mas a fita não foi suficiente para registrar a última música apresentada em show pelos Beatles. Era "Long tall Sally", imortalizada nos anos 1950 por Little Richard, um dos fundadores do rock.

Desembarcaram em Londres em 31 de agosto. Se a Beatlemania não desistia dos Beatles, eles próprios resolveram que ela deveria ter fim. Nunca mais John, Paul, George e Ringo dividiriam um palco.

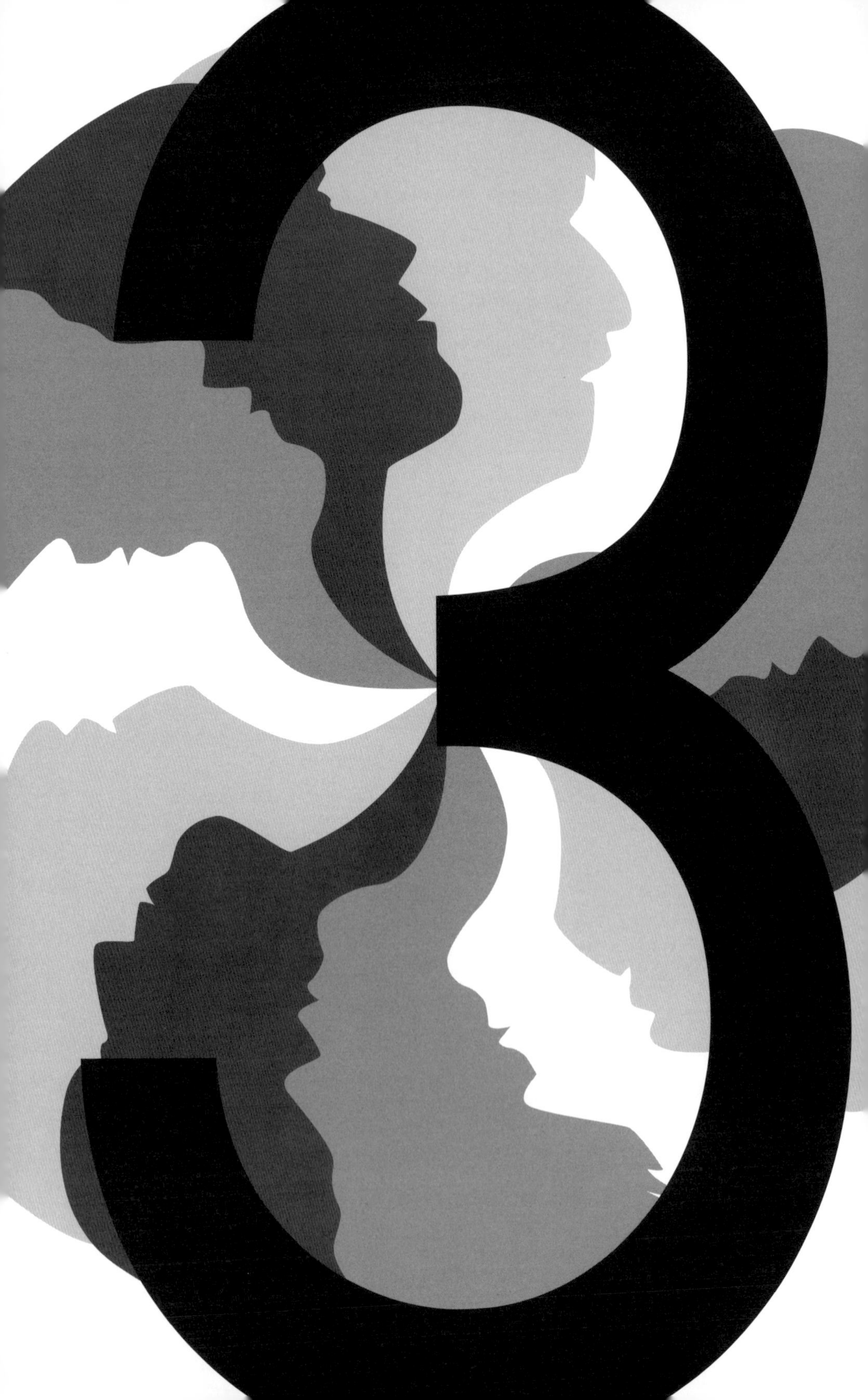

A plenitude artística

Acomodado no avião que começava a levar os Beatles dos EUA à Inglaterra, George Harrison parece ter pensado em voz alta: "Bem, é isso aí, não sou mais um Beatle". Aos 23 anos, mundialmente famoso, ele se referia a um futuro sem shows, depois de mais de 1400 apresentações públicas em nove anos de existência do grupo. Mas a impressão foi momentânea: sendo ele próprio um dos Beatles que mais lutavam para abrir caminho, George depois percebeu que o grupo poderia continuar existindo. Sem shows e sem histeria, mas com canções e discos melhores.

Após o anúncio do fim das turnês, as fãs apostaram também no fim da banda. O *Sunday Times* publicou um obituário dos Beatles. A BBC também especulou sobre a dissolução da banda. Epstein, em meio a crises depressivas (que, segundo algumas versões, o teriam levado até a uma tentativa de suicídio), tentava equilibrar-se na expectativa das decisões de John, Paul, George e Ringo. Quando ele informou a EMI de que, para o Natal, não haveria LP nem compacto dos Beatles, a gravadora começou a produzir a primeira coletânea do grupo, que ela lançaria em 9 de dezembro.

No segundo semestre de 1966, liberados da enorme tensão dos shows e viagens, os Beatles curtiram de novo a liberdade. John Lennon aceitou o convite do diretor Richard Lester para participar como coadjuvante em *How I won the war* (*Como eu ganhei a guerra*). Nesse filme, aparecia a face antibelicista de John, aquela que ainda renderia a canção "Give peace a chance", um hino à paz. John trabalhou na fita de 5 de setembro a 7 de novembro, na Alemanha e na Espanha.

Paul McCartney saiu em férias pela França, o país que acolhera os Beatles com mais frieza. Mesmo assim, tinha de usar disfarces (como bigode falso e novo corte de cabelo) para passar despercebido nas ruas. Ringo Starr tirou férias com a família, também em setembro, e George Harrison despendeu aquele mês na Índia, bebendo da música e da espiritualidade do país (a cítara e a ioga eram seus principais interesses).

John, Paul, George e Ringo, terminada a ressaca da Beatlemania, decidiram continuar juntos. Os Beatles, porém, firmaram compromisso de não mais fazer shows, de não deixar que o trabalho se transformasse em estresse e de garantir mais tempo para o descanso e os projetos pessoais.

Em 24 de novembro de 1966, voltaram à Abbey Road para gravar a primeira canção de um LP que seria lançado no ano seguinte. A faixa era "Strawberry Fields forever"; composta por John sob efeito do LSD, ela se destacaria na história dos Beatles por mais de um motivo.

Strawberry Fields (Morangais) era o nome de um lar de meninos órfãos atendidos pelo Exército de Salvação, perto da casa de tia Mimi, em Liverpool. Na letra, John convida o ouvinte a fazer uma visita ao lugar, de que guarda lembranças fantásticas.

> Living is easy with eyes closed
> Misunderstanding all you see.

> É fácil viver de olhos fechados
> E embaralhar tudo o que se vê.

Outros aspectos inéditos da canção (composta quando John filmava na Espanha) são o experimentalismo e a alta exigência qualitativa: "Strawberry Fields forever" demandou 26 sessões de estúdio, entre 24 de novembro e 22 de dezembro.

Paul, inspirado nas reminiscências de John, resolveu também saudar Liverpool em "Penny Lane", nome de uma rua daquela cidade.

Tanto "Strawberry Fields forever" quanto "Penny Lane" foram "seqüestradas" pela EMI antes que integrassem o futuro LP dos Beatles, sendo lançadas em compacto simples em 17 de fevereiro de 1967. Para muitos críticos, é o melhor disco já gravado nesse formato.

O compacto já antecipava o que viria a seguir: o álbum *Sgt. Pepper's Lonely Hearts Club Band*. Livres de seguir agenda, livres para compor e experimentar, livres para exigir 26 sessões de gravação de uma única música em vez de gravar um LP num só dia, os Beatles estavam no ápice da independência criativa. No álbum, George gravou com violinistas e com instrumentistas indianos a obra-prima "Within you, without you". A dupla Lennon & McCartney, em plena maturidade poética, produziu um conjunto de canções que perduraram. Desse disco é talvez o ponto máximo da parceria: "A day in the life".

Em rigor, *Sgt. Pepper's* começou a ser gravado em 1966. No fim de dezembro, além de "Strawberry Fields forever" e "Penny Lane", os Beatles haviam concluído a mixagem de "When I'm sixty-four". A letra, enfim completada por Paul, vinha integrar a melodia composta no fim dos anos 1950.

"A day in the life" começou a ser gravada em 19 de janeiro de 1967. A canção tem duas partes distintas: a primeira, de John, vasculha coisas insólitas nos jornais, revistas, TV e cinema; a outra, de Paul, mostra o cotidiano de alguém alienado, despojado de convicções. Mesmo passadas quatro décadas, a fusão resultante ainda surpreende musical e poeticamente:

> I read the news today, oh, boy,
> About a lucky man who made the grade,
> And though the news was rather sad,
> Well, I just had to laugh
> I saw the photograph
> He blew his mind out in a car.

> Pois é, rapaz, li hoje o jornal,
> Sobre o sortudo atolado na grana,
> E, embora a notícia fosse triste,
> Eu tive de rir.
> Eu vi a foto,
> Ele estourou a cabeça num carro.

Paul deriva do material de John sua participação nos versos:

> Woke up, got out of bed,
> Dragged a comb across my head,
> Found my way downstairs and drank a cup,
> And looking up I noticed I was late.

> Acordei, levantei,
> Passei o pente no cabelo,
> Desci a escada, bebi um café
> E vi que estava atrasado.

Para "A day in the life", Paul solicitou a George Martin uma orquestra inteira. Após muitas ponderações, Martin contratou metade de uma. Eram quarenta músicos eruditos, a quem Paul pediu improvisação. Atônitos, eles acabaram dando o que o Beatle queria: efeitos musicais espetaculares, gravados durante um *happening* na Abbey Road em 10 de fevereiro, com a presença dos Rolling Stones (entre outros).

No auge do movimento hippie, centenas de milhares de jovens decidiam deixar a casa dos pais e experimentar liberdade, paz e amor – o dístico do movimento. Em *Sgt. Pepper's*, esse era exatamente o tema de uma das faixas: "She's leaving home", com música de Paul e letra de Paul e John.

Tais jovens rejeitavam a sociedade de consumo, querendo uma alternativa que muitas vezes desembocava na vida em comunas. Para provar que isso era possível, participavam de megashows de rock, como em Woodstock. Também faziam protestos em massa contra a atuação americana na Guerra do Vietnã. Aquela causa foi abraçada pelos Beatles em 1966, quando John qualificou de injusta a guerra na Indochina.

Não bastasse o clima de contestação política e social, "She's leaving home" teve outra característica marcante: foi a primeira canção dos Beatles cujo arranjo não foi assinado por George Martin. Este tinha outro compromisso de gravação e, quando Paul falou com ele pelo telefone, disse que não poderia arranjar e produzir a música naquele dia. Paul (que já atrasara em um ano o fim dos shows dos Beatles) deu mais uma prova de temperamento forte e chamou outro arranjador. A música só tem cordas, e nenhum Beatle toca instrumento algum. Martin e Paul ficaram magoados um com o outro. Mas, no que dissesse respeito a Paul, ele conduziria outras gravações independentemente de quem fosse o arranjador.

Após a gravação de "Lucy in the sky with diamonds", "Sgt. Pepper's Lonely Hearts Club Band" (a canção-título), "With a little help from my friends", "Lovely Rita", "Getting better" e demais músicas do álbum, John e Paul ainda não tinham decidido como seria o final de "A day in the life". Só encontraram o fecho em 21 de abril, quando o disco ficou pronto.

Ao mesmo tempo que finalizavam *Sgt. Pepper's*, os Beatles criavam uma empresa, a Apple Corps Ltd. Consultores financeiros, atentos à estrutura tributária inglesa da época, haviam alertado os integrantes da banda: se não investissem em algum empreendimento, teriam de pagar 3 milhões de libras ao fisco. A criação da Apple Corps tinha esse objetivo principal. Simultaneamente, os Beatles estabeleceram subsidiárias, como a Apple Records, para empresariá-los e incentivar novos talentos artísticos; a Apple Electronics, responsável por montar estúdio próprio, que os Beatles esperavam dividir, por exemplo, com os Rolling Stones; a Apple Boutique, para divulgar e promover a contracultura; e a Apple Films, para produzir películas dos Beatles e apoiar cineastas marginalizados. A Apple Corps não daria resultados e, em dois anos, quase arruinaria os Beatles.

Em 1º de junho de 1967, a EMI lançou *Sgt. Pepper's*. O disco repercutiu como nenhum outro na história. Da contracultura às drogas, do inconformismo ao lirismo, tudo se revitalizava com o imenso prestígio de que os Beatles desfrutavam. A polêmica já dominava *Sgt. Pepper's* antes mesmo que o álbum chegasse às lojas: em 31 de maio, a BBC vetou a execução da faixa "A day in the life" em seus programas, alegando o possível estímulo ao uso de drogas.

A confusão só aumentou quando a imprensa destacou em *Sgt. Pepper's* as iniciais de uma música de John que parecia descrever muito bem as viagens lisérgicas: "*L*ucy in the *s*ky with *d*iamonds", ou LSD. John nunca negara compor sob influência de drogas, nem tê-las como temática. (E, poucas semanas após o lançamento do disco, até Paul confirmara à imprensa que experimentara o LSD.) Mas, no caso específico de "Lucy in the sky with diamonds", John garantiu que tudo não passava de coincidência.

A polêmica em torno de *Sgt. Pepper's Lonely Hearts Club Band* cessou há muito tempo, mas não a admiração pelo disco. Com sua concepção unitária, como se fosse o show de uma banda que tivesse roubado o lugar dos Beatles, ele abriu perspectivas inéditas. As faixas indistintas, sem o silêncio tradicional entre uma e outra música; a repetição do número inicial no encerramento do álbum, como o bis de um show ao vivo; até a capa que pontua com celebridades o "fim" dos Beatles e a ascensão da banda que os sucede – nada foi deixado ao acaso no maior disco da história da música popular.

Reforçando a idéia geral da "morte" dos Beatles, a capa traz uma mensagem irônica: "Welcome the Rolling Stones" ("Boas-vindas aos Rolling Stones"). Um boato sobre a morte de Paul também surgiu por conta de indicações visuais, como a foto da contracapa, em que só ele está de costas. Claro que Paul estava bem vivo, mas na época a imprensa provavelmente dedicou mais espaço ao boato que ao trabalho dos Beatles...

O disco marcaria a carreira de incontáveis compositores e intérpretes, mas Paul McCartney guarda uma lembrança em especial: *Sgt. Pepper's* foi lançado numa quinta-feira, e no domingo seguinte, 4 de junho de 1967, Paul estava numa boate londrina; o show que aconteceria ali estava a cargo de Jimi Hendrix, o maior guitarrista de todos os tempos – que abriu a apresentação com a faixa-título do novo álbum dos Beatles. Para Paul, foi uma honra inesquecível.

Em 18 de maio de 1967, no ápice da fama, os Beatles haviam aceitado o convite da BBC para representar o Reino Unido na primeiríssima transmissão televisiva simultânea por satélite, um evento internacional chamado *Our world*. Este iria ao ar em 25 de junho, e o desafio era compor e produzir até a véspera uma canção inédita. John e Paul compuseram cada qual uma música, e a escolhida foi a de John: "All you need is love".

Do estúdio na Abbey Road, com direito a orquestra, os Beatles levaram sua arte a cerca de 350 milhões de telespectadores. Depois, "All you need is love" foi lançada no mercado como compacto simples, tendo no lado B "Baby, you're a rich man" (que integraria a trilha musical de *Yellow submarine*, o desenho animado de 1968). Fazia apenas cinco semanas que fora lançado o álbum *Sgt. Pepper's*. Os Beatles mostravam música em qualidade e quantidade jamais vistas, numa explosão de criatividade que talvez nunca se repita.

O projeto a que se dedicaram em seguida foi *Magical mystery tour*, especial de uma hora para a televisão. A idéia do filme foi de Paul. Em 5 de abril, aniversário de Jane Asher, ele viajou para os EUA, onde Jane participava de uma montagem de *Romeu e Julieta*. No avião, Paul começou a fazer um esboço cuja base eram as *mystery tours* de Liverpool: viagens de ônibus baratas com destino a algum lugar-surpresa, quase sempre o mesmo (no caso, o que importava era vender o sonho).

De volta, Paul chamou os outros Beatles para mostrar o plano: um ônibus surrealista sairia pela estrada com seus convidados para que vivessem aventuras exóticas em lugares comuns. Com a idéia aprovada, Lennon & McCartney entraram em ação e compuseram "Magical mystery tour", que começou a ser gravada em 26 de abril.

Em 23 de agosto de 1967, uma quarta-feira, após terem já antecipado algum material adicional para o desenho *Yellow submarine* (como "All together now"), os Beatles retomaram as sessões de gravação de *Magical mystery tour* com "Your mother should know", de Paul. Estavam atrasados na gravação, já que novamente se dublariam e o começo das filmagens ficara previsto para três semanas depois.

Apesar disso, decidiram passar o fim de semana em Bangor com o Maharishi Yogi, guru da meditação transcendental. Por influência da mulher de George Harrison, Pattie, que acompanhara o marido na visita à Índia, os Beatles haviam até projetado passar juntos uma temporada naquele país, em meditação. O Maharishi, ou "Grande Sábio", desdenhava de um dos princípios fundamentais da fé hindu, qual seja, fornecer gratuitamente abrigo e alimento a todos os que estiverem interessados em aprender a religião: na época desse encontro com os Beatles, ele já tinha 250 *ashram* (centros de meditação), que davam preferência à clientela mais rica e cobravam o correspondente a uma semana da renda anual de cada aluno.

Na sexta, 25 de agosto, partiram para Bangor, que fica no norte do País de Gales. Haviam conhecido o Maharishi um dia antes. No domingo, 27, a meditação foi interrompida: souberam da morte de Brian Epstein. A causa havia sido uma overdose de psicotrópicos, mas os policiais encarregados do caso negaram a hipótese de suicídio.

Nos primeiros meses de 1967, Epstein estivera algumas vezes internado numa clínica para tratamento do vício em drogas. Não conseguia livrar-se das anfetaminas e, após usá-las, recorria a soníferos por causa da insônia crônica. Epstein tinha outra preocupação: seu contrato com os Beatles seria renegociado em 30 de setembro, e a participação dele nos negócios da banda certamente não se manteria nos 25% brutos estipulados no início de 1962.

Os Beatles receberam a notícia e ficaram em choque. Os mais afetados foram John e Paul. Uma testemunha diz que todas as pessoas presentes tiveram a sensação de que, naquele domingo, os Beatles haviam acabado de dissolver-se. Ainda hoje, muita gente acha que a morte de Brian, personalidade que dava equilíbrio ao grupo, foi mesmo o início do fim da banda.

Paul recorreu ao Maharishi, que o aconselhou a mandar boas vibrações a Brian, meditar e sentir-se bem. John recordaria em entrevista à revista *Rolling Stone* (muito depois do fim dos Beatles) o primeiro pensamento que teve quando soube da morte do empresário: "'Dançamos!' Eu não tinha nenhuma ilusão sobre nossa capacidade de fazer outra coisa além de tocar e estava apavorado".

Ainda em abril, Paul chamara Epstein para discutir o projeto *Magical mystery tour*. Epstein traduziu em esquemas de trabalho as anotações de Paul, considerando o aluguel de equipamento e estúdio, locais para ensaio, provisões e reservas em hotéis próximos dos *takes* fora de estúdio. Às vezes, ponderava que era preciso fazer mais tomadas com os demais Beatles, em especial Ringo. Epstein anotou os orçamentos para cada item e um orçamento geral.

Apenas quatro dias após a morte de Epstein, os Beatles se reuniram na casa de Paul para tomar decisões importantes. A visita à Índia ficaria adiada para janeiro ou fevereiro de 1968. Não contratariam novo empresário. *Magical mystery tour* teria continuidade imediata. A produção, a direção e a produção executiva do especial ficariam a cargo de Paul, ainda que informalmente. Ele negociaria com as emissoras de TV a venda do filme e cuidaria da produção do disco com a trilha musical. Não foi contratado roteirista – a filmagem correria de improviso em improviso.

John relataria à *Rolling Stone* que Paul lhe entregou um papel e disse: "'Bom, aqui está o seu segmento. Escreva uma coisa legal para ele'. E eu pensei: 'Cacete! Nunca filmei nada! O que ele quer? Que eu escreva um roteiro?!'" Paul, em contrapartida, queixava-se de que as drogas haviam passado a ser a principal ocupação de John, que por isso não propunha novos projetos. Epstein, se vivo estivesse, talvez tivesse podido reviver o espírito de equipe dos Beatles; mas isso é apenas cogitação, e, fosse como fosse, ele estava morto.

O gerenciamento de tudo nos Beatles ficava cada vez mais restrito a Paul, que não tinha talento em tantas áreas assim (mesmo na música, receberia ácidas críticas quando lançasse seu primeiro LP solo, gravado em estúdio doméstico, com ele próprio cantando e tocando todos os instrumentos). Seus projetos eram recebidos com cada vez menos entusiasmo, não apenas por John, mas também por George e Ringo.

Em 5 de setembro de 1967, os Beatles voltaram ao estúdio. Só tinham duas músicas gravadas para *Magical mystery tour*: a canção-título e "Your mother should know". Precisavam completar a trilha e começaram então a gravar "I am the walrus", uma das mais desconcertantes e enigmáticas composições de John.

> I am he as you are he as you are me
> And we are all together.

> Eu sou ele como vocês são ele como vocês são eu,
> E estamos todos juntos.

Em 6 de setembro, Paul alinhavou no estúdio "The fool on the hill", um dos maiores sucessos do filme, e George iniciou as gravações de "Blue Jay Way", sua música no filme e no disco. Em 8 de setembro, passou-se em estúdio uma música composta pelos quatro Beatles, o instrumental "Flying". A trilha estava ainda pendente por causa de muitas tomadas futuras, mas não havia tempo para novas gravações: o filme começaria a ser rodado em 11 de setembro.

Entre 11 e 15 de setembro, os Beatles seguiram para o condado de Devon e depois para a Cornualha. O ônibus, todo pintado em cores psicodélicas, atrasou duas horas na saída de Londres. Naquele primeiro trecho, Paul explicou aos 33 atores contratados que eles teriam de improvisar, o que não era costumeiro. Nesse período, efetuaram-se quase todas as tomadas que exigiam a participação dos atores.

De volta a Londres, os Beatles se deram conta de que não tinham feito reserva nem nos Shepperton Studios nem em nenhum outro estúdio de filmagem perto da capital. Assim, precisaram improvisar. A saída foi alugar uma antiga base aérea, usada pelos americanos durante a Segunda Guerra Mundial. Entre 19 e 24 de setembro, a equipe trabalhou ali, em tomadas externas e internas. Foi onde se fizeram as filmagens em que John, travestido de garçom, derruba espaguete numa cliente mais do que gorda. "I'm the walrus" também foi dublada naquele espaço.

Em 25 de setembro de 1967, os Beatles iniciaram a montagem final de *Magical mystery tour*. A tarefa era reduzir cerca de dez horas de gravação a um filme de 52 minutos. Ao mesmo tempo, trabalhavam em estúdio para dar forma final às canções da trilha. Em 29 de outubro, após quatro semanas de montagem, ficou claro que havia "brancos" nas filmagens. Naquele mesmo dia, para completar uma cena, rodou-se parte de uma tomada com Ringo. No dia seguinte, Paul viajou com um cinegrafista para a França, onde filmariam as cenas correspondentes a "The fool on the hill". A seqüência final de *Magical mystery tour*, rodada em 3 de novembro, é de George em "Blue Jay Way".

Entre as gravações do disco e a montagem do filme, os Beatles ainda produziram outra canção, "Hello, goodbye", que, em 24 de novembro, seria lançada com "I'm the walrus" no terceiro compacto simples de 1967. "I'm the walrus" foi a primeira canção a sair em dois discos diferentes dos Beatles desde 1963 (quando eles tomaram pé na distribuição de suas obras). Isso refletia a sobrecarga de trabalho a que os quatro estavam submetidos: não tiveram tempo para compor uma música que acompanhasse "Hello, goodbye" ou, possivelmente, não resistiram à pressão da gravadora para lançar mais um disco perto do Natal.

Em 3 de novembro, mesmo dia em que se terminou a edição do filme, Paul vendeu à BBC os direitos de duas exibições de *Magical mystery tour*, a primeira em preto-e-branco, a segunda em cores. A trilha musical foi concluída em 7 de novembro e lançada pela EMI no Reino Unido em 8 de dezembro, no formato de livreto, com seis músicas em dois compactos duplos (as canções eram insuficientes para um LP e excediam a capacidade dos compactos duplos). A Capitol, porém, decidiu que lançaria no mercado americano um LP de *Magical mystery tour*, acrescentando canções tiradas de compactos lançados naquele ano.

A versão em preto-e-branco de *Magical mystery tour*, exibida pela BBC em 26 de dezembro de 1967, alcançou quase todos os telespectadores do Reino Unido (diferentemente da versão colorida, levada ao ar em 5 de janeiro de 1968; na época, televisor em cores ainda era coisa rara no país). Foi fracasso de público e crítica. Era uma aventura farsesca e improvisada, com gravação direcionada para as cascatas de cores, o que se perdeu no preto-e-branco. O filme teve melhor recepção nos EUA, onde foi exibido em cores nos cinemas.

Se houve malogro no caso, pode-se dizer que foi à maneira dos Beatles: no Natal de 1967, a trilha musical venderia 500 mil cópias na Inglaterra e 1 milhão nos EUA.

Em 28 de novembro, John usou o estúdio da EMI para gravar uma mensagem natalina aos fãs-clubes dos Beatles na Grã-Bretanha (idéia de Brian Epstein que seria mantida até 1969). Registrou ainda efeitos sonoros para a produção de uma peça baseada num livro que escrevera, *In his own write*. John não era o único Beatle a usar o estúdio para projeto próprio: George começou a dirigir músicos para gravar a trilha musical do filme *Wonderwall*.

Ringo conseguiu negociar sua liberação para atuar em *Candy*, um filme rodado na Itália, e ficou em Roma de 5 a 16 de dezembro. Com Paul em férias, coube a John e George representar os Beatles na festa de abertura da Apple Boutique, no coração de Londres, em 5 de dezembro.

Para os Beatles, 1968 começava com muita expectativa: os quatro músicos, acompanhados das respectivas mulheres, finalmente experimentariam na fonte indiana a excelência da meditação transcendental. O programa se estenderia da metade de fevereiro a abril, no *ashram* do Maharishi no lugarejo de Rishikesh, a 250 quilômetros de Nova Deli.

Os Beatles deixaram pronto o compacto que seria lançado em 15 de março, com "Lady Madonna" e "The inner light". Além disso, estava concluída a trilha musical do desenho *Yellow submarine*, que seria lançado nos cinemas em julho de 1968. Dessa vez, os Beatles não se comprometeram com o projeto o suficiente para dar o máximo: usaram músicas já lançadas ou até rejeitadas na seleção de discos prévios. O desenho trazia a faixa-título e as canções "All together now", "Hey bulldog", "Only a northern song" e "It's too much".

Em 16 de fevereiro, George, Pattie, John e Cynthia foram os dois primeiros casais a chegar a Rishikesh, com sua vista para o Ganges, o rio sagrado. No dia 19, chegaram Paul, Jane, Ringo e Maureen. Instalados num dos chalés do *ashram*, ouviam diariamente as palestras do Maharishi e praticavam a meditação.

Num lugar onde serviam apenas comida vegetariana, em contato com a natureza e sem possibilidade de acesso às drogas, os Beatles tiveram uma explosão de criatividade musical. Durante o retiro espiritual (e pouco depois dele), John, Paul e George compuseram mais de quarenta músicas, usadas especialmente no Álbum Branco, mas também em *Abbey Road* e nas carreiras solo. Além do número, outro fato chama a atenção: quase todas as músicas já eram composições individuais. A parceria Lennon & McCartney dava sinais de estar chegando ao fim.

Ringo e Maureen voltaram para a Inglaterra duas semanas após a chegada à Índia: tinham escasso interesse pela meditação transcendental e se irritavam com as moscas e mosquitos. Paul e Jane regressaram em 26 de março, satisfeitos com a experiência. (Paul diz recorrer à meditação ainda hoje, embora não a utilize com tanta freqüência.)

Em fins de março, explodiu a crise de John e George com o Maharishi. No ano anterior, John designara Alexander Mardas, o "Magic Alex", como seu "guru". Magic Alex parece não ter gostado de ver-se substituído por um hindu. Além disso, era fornecedor usual de drogas a John, posição que, no final de 1967, o ajudara a ser nomeado presidente da Apple Electronics.

Segundo testemunho de Cynthia, Magic Alex convenceu John e George de que o Maharishi tentara transar com uma das alunas. A revelação (ou boato) ganhou contornos de crise. John e George deixaram o *ashram* no dia seguinte, sem terem falado com o guru. Eles se afastaram do Maharishi, considerando-o mais hipócrita que mestre, alguém que não seguia o que pregava. Mas não se apartaram da meditação transcendental, que foi seguida por John por um bom período e permeou as idéias de George até a morte.

Em 15 de maio de 1967, Paul conhecera num show em Londres a fotógrafa americana Linda Eastman. A despeito da lenda, Linda não tinha relação nenhuma com o império fotográfico Eastman-Kodak. Vinha de família judaica, e o pai possuía um bem-sucedido escritório de advocacia. De início, Paul e ela manteriam contatos apenas esporádicos, já que Linda tinha uma filha (Heather, de quatro anos) e morava em Nova York. Em 20 de julho de 1968, num programa de TV, Jane Asher anunciou que ela e Paul haviam rompido o noivado. Não contou o motivo; segundo Barry Miles, Jane, ao voltar de viagem para a mansão onde ela e Paul moravam desde 1966, pegou o Beatle com outra mulher na cama. Na última semana de setembro de 1968, Paul convidou Linda a morar com ele.

Em 8 de novembro de 1966, John conhecera a artista plástica Yoko Ono, então expoente do movimento artístico Fluxus. Mantiveram contatos também esporádicos, e, sem que Cynthia soubesse, ele recebia cartas de Yoko durante a estada na Índia. Por fim, em 19 de maio de 1968, John chamou Yoko para sua casa e assumiu a paixão que o inquietava fazia muito tempo. Cynthia os surpreendeu no dia seguinte. O divórcio sairia em poucos meses.

Com intervalo de meses, John e Paul se uniram às mulheres de suas vidas, literalmente: John viveu até a morte com Yoko, e

Linda, com Paul. Não é de estranhar, portanto, que essas novas e fundamentais influências contribuíssem para que 1968 assinalasse o começo do fim de uma das maiores parcerias da canção popular e marcasse o início da dissolução dos Beatles.

Apoiado por Linda, Paul impunha cada vez mais os rumos que a banda devia tomar e passou a ser ríspido com os outros Beatles. Em 22 de agosto, após uma discussão com Paul provocada por uma batida de bateria, Ringo viajou por duas semanas no iate do amigo Peter Sellers. Só voltou por insistência de John e George. Em 1995, quando trabalharam para a TV na série *Anthology*, Paul, ouvindo uma discussão que travara com George na gravação original de "Hey Jude", reconheceu: "Vejo agora que eu era um imbecil autoritário". George ironizou na resposta: "Ah, não, Paul – você nunca foi assim..."

Se o comportamento de Paul azedava os trabalhos dos Beatles, o de John representava quase uma ruptura explícita. À revelia dos outros três, ele praticamente impôs Yoko Ono como quinto Beatle, com direito a participar das gravações do Álbum Branco e dar palpites sobre toda e qualquer atividade do conjunto e da Apple. Yoko foi indiscutivelmente rejeitada por Paul, George e Ringo. Dessa forma, convergiam dois triângulos para assinalar o fim dos Beatles: John, George e Ringo contra Paul; e Paul, George e Ringo contra John.

No final de maio de 1968, os Beatles haviam se reunido na casa de George para registrar, num gravador caseiro, as músicas compostas no período de paz na Índia. Naquele dia, repertoriaram nada menos que 23 canções (já excluídas "Lady Madonna" e "The inner light", que constavam do compacto simples lançado em março).

Dias depois, os Beatles mostraram o material a George Martin, que atuaria como produtor e arranjador do novo disco, embora o produto já fosse sair com o selo da editora musical própria, a Apple Records. Martin recomendou que se cortasse de 23 para catorze o número de canções e que as restantes ficassem para outro disco, a ser lançado no ano seguinte.

Os Beatles rejeitaram a sugestão. Já compondo independentemente um do outro, John e Paul viam também a concorrência de George Harrison, que tinha cada vez mais produção própria. Naquela altura, nenhum dos três se sentia capaz de abrir espaço para os outros.

Assim, ao invés de reduzirem, os Beatles aumentaram drasticamente o número de músicas do Álbum Branco, como seria apelidado o LP duplo *The Beatles*, lançado no fim de 1968. No total, elas chegaram a trinta – material mais que suficiente para três LP normais. Até Ringo ganhou uma faixa de sua própria autoria, o country "Don't pass me by".

O gigantismo acarretou oscilação na qualidade poética e musical: no Álbum Branco, Paul gravou talvez sua pior música, "Ob-la-di ob-la-da"; e John deixou ali o que é certamente seu pior trabalho, "Revolution 9", uma colagem deslocada no tempo.

Mas é um disco dos Beatles e traz jóias como "Julia", de John; "Blackbird", de Paul; e "While my guitar gently weeps", de George (com solo de guitarra, não creditado, do grande Eric Clapton). O álbum tem ainda dois rocks que resistem ao tempo: "Back in the USSR", de Paul, e "Everybody's gonna something to hide, except for me and my monkey", de John. "Yer blues" é outro marco da música e poesia de John:

> Yes, I'm lonely, wanna die…
> If I ain't dead already,
> Ooh girl, you know the reason why.

É, sou sozinho, quero morrer...
Se não morri ainda,
Garota, você sabe o porquê.

As gravações do álbum *The Beatles* começaram em 30 de maio, com "Revolution 1", de John, assim rebatizada porque, com outro arranjo, a música seria editada como "Revolution", lado B do compacto simples cujo lado A era "Hey Jude", de Paul. (Esse compacto seria lançado em 30 de agosto de 1968 e se tornaria o de maior sucesso na carreira dos Beatles, vendendo no mundo todo 5 milhões de exemplares em apenas seis meses.)

No dia seguinte, Yoko Ono compareceu à sessão de gravação, ainda de "Revolution 1". Para constrangimento geral, ela participaria de praticamente todas as gravações futuras dos Beatles. John, após muitas *bad trips*, conseguira largar o LSD (droga que levou à internação e mesmo à loucura muitos dos expoentes da contracultura). No convívio com Yoko, ambos passaram a consumir heroína. John garantiria que nunca injetou a droga, só a aspirava. Mas a cumplicidade entre adeptos de drogas pesadas tende a aumentar, o que explicaria em parte a exigência de John de que Yoko estivesse sempre a seu lado. Os dois deixariam as drogas pesadas no ano seguinte.

Naquele segundo dia de gravação de "Revolution 1", Yoko gritou e disse coisas sem sentido no final da música. Como isso não combinava com o formato da canção, John separou os últimos seis minutos da tomada para constituir a base da colagem "Revolution 9". Apesar das tentativas feitas por George Martin e pelos outros três Beatles para excluir a faixa, John insistiu em mixar a colagem e incluí-la no Álbum Branco. Afinal, na prática, aquela era a primeira parceria dele com Yoko.

Entrevistado pela *Playboy* em 1980, John reclamou que Paul mixara outra faixa do Álbum Branco, "Why don't we do it in the road?", sem ter-lhe pedido colaboração. Só em 1981, após a morte de John, Paul comentaria a queixa com o biógrafo oficial dos Beatles, Hunter Davies: "Pois é, John fez a mesma coisa com 'Revolution 9'. Ele a gravou sem ter falado comigo. Isso ninguém nunca lembra..."

As gravações do Álbum Branco continuaram por meses, com muitos períodos conturbados. A partir de agosto, George Martin, agora requisitadíssimo arranjador e produtor musical freelance, deixou de comparecer a várias sessões de estúdio. As tensões se acumulavam também pelas ausências dos próprios Beatles. Paul, por exemplo, produzia para a Apple Records o compacto de estréia de Mary Hopkins, uma cantora galesa de dezessete anos; no lado A, o disco tinha "Those were the days" e, no B, "Turn, turn, turn". Lançado em 30 de agosto de 1968, o compacto alcançou o topo das paradas na Grã-Bretanha e chegou ao segundo lugar nos EUA. (Paul produziria mais um trabalho com Mary, o LP *Postcard*, lançado em 13 de fevereiro de 1969.)

A última sessão de estúdio do Álbum Branco ocorreu em 14 de outubro de 1968. Depois, de 16 para 17 de outubro, John, Paul e George Martin trabalharam 24 horas ininterruptas para estabelecer a ordem das músicas e a colocação delas nos dois LP.

O visual do álbum ganhou tratamento de artista plástico (Richard Hamilton), como já ocorrera com *Sgt. Pepper's Lonely Heart's Club Band* (Peter Black). O efeito minimalista da capa, totalmente branca, com o título *The Beatles* em alto-relevo, causou muito impacto na época e ainda é um referencial para a arte aplicada.

O lançamento nas lojas foi em 22 de novembro de 1968, com absoluto sucesso comercial. Os DJ nem precisavam escolher uma faixa "de trabalho" – colocavam qualquer uma do álbum. E, a despeito das oscilações na qualidade provocadas pela decisão de editar de uma só vez um número tão grande de canções, o LP duplo foi saudado como exemplo de maturidade artística na carreira dos Beatles.

O grupo encerrava o ano com o formidável balanço de 34 composições novas (as do Álbum Branco e as dos dois compactos simples); um compacto (*Hey Jude*) que batia todos os recordes de venda na história da indústria fonográfica; e a produção, pela Apple, do bem-sucedido compacto de Mary Hopkins e de dois LP, um de Jackie Lomax e o outro de James Taylor.

O novo selo lançou ainda a trilha musical que George compôs para *Wonderwall*. Com menos sucesso, John e Yoko também lançaram pela gravadora um disco, *Two virgins*, que teve mais repercussão devido à capa (em que os dois se mostravam nus) do que à música de vanguarda.

Mas, apesar da produtividade e dos êxitos do ano, as tensões e mesmo conflitos abertos durante as gravações do Álbum Branco já sinalizavam a iminente dissolução da banda.

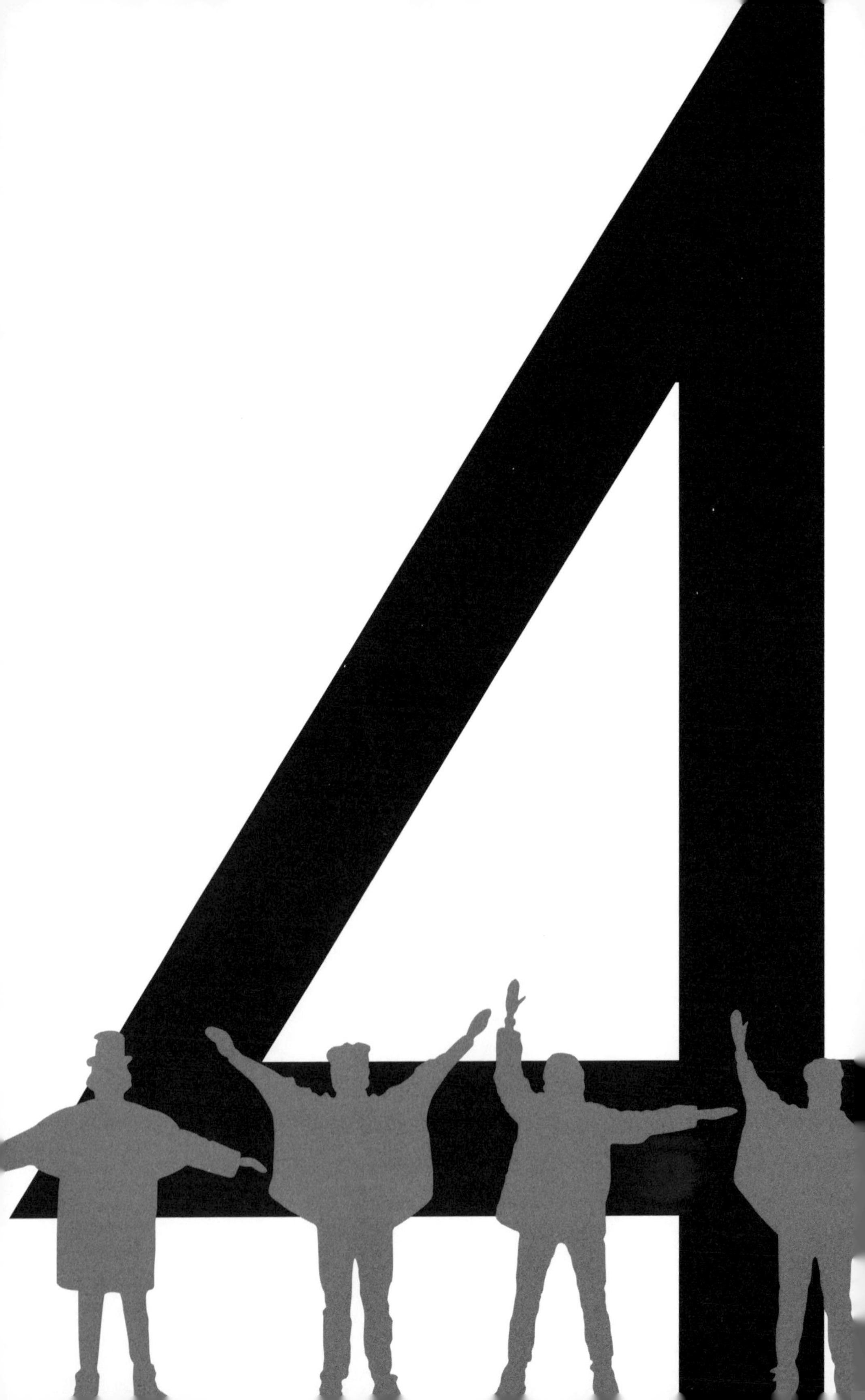
4

O fim

A situação da Apple Corps indicava que as coisas só tenderiam a piorar. A empresa, criada para evitar pesadas taxações, sofria uma sangria irrefreável.

Todos queriam trabalhar na Apple, já que podiam, por exemplo, lançar como despesa de viagem reuniões em boates dos EUA. Ou, então, sumir com estoques de roupas da Apple Boutique sem prestar contas (a loja seria fechada no segundo semestre de 1968). As divergências no tocante à condução de um negócio gigante e instável acabariam por levar os Beatles ao rompimento total.

As coisas se precipitaram quando, em entrevista ao periódico *Disc and Music*, John deu uma declaração em *off* que, entretanto, foi publicada em dezembro de 1968: a Apple "está perdendo dinheiro toda semana... Se a coisa continuar assim, vamos todos quebrar em seis meses". O desabafo, além de piorar a situação financeira da Apple, chamou a atenção de empresários que estavam de olho numa empresa acéfala que tinha como capital a maior banda da história.

Paul, principal idealizador e entusiasta da Apple, reagiu à situação propondo a mesma fórmula já rechaçada várias vezes pelos outros três Beatles: voltar a fazer apresentações públicas e shows, ao vivo ou não, em ambientes pequenos. John, George e Ringo, mais uma vez, vetaram a idéia. Para chegarem a um meio-termo, os quatro se comprometeram a gravar, já no começo de 1969, músicas para outro LP, processo que serviria também para filmar um especial de TV ou eventualmente dar suporte, em telões, a um futuro show ao vivo.

O diretor contratado para realizar o filme, Michael Lindsay-Hogg, sugeriu um lugar espetacular para as filmagens: um anfiteatro romano no norte da África. Sob a luz da tarde, pessoas de todos os credos e raças se reuniriam ali, lentamente. Então, ao pôr-do-sol, os Beatles entrariam triunfalmente naquele palco histórico e mostrariam sua música mágica.

No entanto, a idéia de filmar na África parece ter sido vetada por Ringo, que ainda se lembrava bem da experiência com a culinária indiana, um ano antes. Para a gravação dos ensaios, Denis O'Dell, o diretor da Apple Films, reservou por um mês, a começar em 2 de janeiro de 1969, os estúdios cinematográficos de Twickenham. Argumentava que a banda poderia começar a filmar os ensaios, mesmo sem uma decisão final sobre o destino do material.

Foi uma precipitação fatal iniciar outro trabalho apenas onze semanas após terem terminado o Álbum Branco. Não houve tempo para que os quatro resolvessem os impasses criados durante o ano anterior – as principais questões nem sequer haviam sido encaminhadas.

O projeto de filme e disco tinha o título provisório *Get back*, que se transformou no documentário e disco *Let it be*. As gravações realmente começaram em 2 de janeiro, mas o projeto seria interrompido em pouco tempo. *Let it be* acabaria sendo editado e mixado no fim de 1969 e início de 1970 e lançado só no começo de maio de 1970, como o último disco dos Beatles – que em 1969 ainda gravariam e lançariam o LP *Abbey Road*.

As imagens do documentário *Get back/Let it be* mostram uma banda que, uns anos depois de ter abandonado os shows, estava enferrujada. Além disso, as feições são de enfado e animosidade. Numa das cenas do ensaio, Paul, George e Ringo tentam iniciar uma música enquanto John parece ausente, distraído pelos beijos e cochichos de Yoko. John parecia querer ainda mais a proximidade de Yoko depois que, em dezembro de 1968, ela sofreu um aborto espontâneo. Para piorar o ambiente, os ensaios seguiam o horário da indústria cinematográfica: os Beatles tinham de acordar às oito da manhã, o que não combina nada com músicos.

Andando em círculos, os Beatles repassaram mais de cem canções, muitas delas do repertório dos tempos de Hamburgo e do Cavern Club. Algumas poucas eram inéditas e seriam usadas futuramente. De qualquer modo, o projeto todo ficou em suspenso em 10 de janeiro de 1969, quando George discutiu primeiro com Paul e depois com John e se despediu com a frase: "Vejo vocês por aí".

Ninguém tentou impedi-lo de partir. John, Paul, Ringo e Yoko também não disseram palavra. Yoko, simbolicamente, sentou na almofada que era usada por George e começou a gritar, ulular ou (no dizer de John) "tocar ar". Os três Beatles remanescentes a acompanharam com sons aleatórios de seus instrumentos. Encerrada a "mostra", todos foram embora, ainda sem trocar palavras.

Em 15 de janeiro, George voltou da casa dos pais e se reuniu com os outros. Afirmou que só permaneceria no grupo sob algumas condições: fim das filmagens em Twickenham, nada de shows na África, nenhum programa de TV, filmagens só das gravações de músicas de um novo LP, no estúdio próprio da Apple. Os demais concordaram.

Paul, entretanto, pediu que filmassem um último show ao vivo, a ser incluído no material já rodado em Twickenham. Só lhe atenderam porque o palco era o telhado dos estúdios da Abbey Road. Em 30 de janeiro de 1969, os quatro tocaram ali para uma platéia composta de funcionários e vizinhos privilegiados. Essa apresentação ao vivo, a última dos Beatles, deu afinal vida ao filme *Let it be*. As filmagens estavam encerradas, mas o trabalho de edição do documentário e de suas músicas seria posto de lado e completado somente um ano depois. Tudo muito longe da qualidade que se esperaria de um produto Beatle.

Antes, em 20 de janeiro, os Beatles seguiram o combinado e foram à sede da Apple, onde retomariam as gravações no estúdio próprio. Só que o estúdio era imprestável. Construído por Magic Alex e situado junto à central de calefação, não tinha isolamento acústico nenhum, nem mesmo para a bateria de Ringo.

Pior: não havia tomadas para conexão dos instrumentos com a sala de controle, onde estava o equipamento de gravação e mixagem. O estúdio foi depois desmontado, sem nunca ter sido usado. Magic Alex não seria demitido de imediato: ainda receberia alguns salários como diretor da Apple Electronics.

No dia 22, os Beatles estavam de volta à Abbey Road, com um acréscimo: o organista Billy Preston, que participou como quinto instrumentista e como pára-choque (idéia de George) dos atritos que corroíam a banda. Naquela data, gravaram músicas de *Let it be*, como "Dig it" e "Dig a pony", de John, e "I've got a feeling", uma composição vigorosa e precisa, tardia parceria de Lennon & McCartney. Outro destaque de *Let it be* seria "One after 909", música que John e Paul haviam composto no início da década (ou antes). Para completar a nostalgia, um número de Liverpool: "Maggie Mae", canção tradicional que é uma espécie de hino da cidade.

Em 26 de janeiro, Paul gravou uma bela balada, também destinada a *Let it be*: "The long and winding road". Na sessão de estúdio de 27 de janeiro, começaram a embaralhar-se os repertórios de *Let it be* e *Abbey Road*: rascunharam-se "Oh! Darling" e "Get back", ambas de Paul. A primeira seria destaque em *Abbey Road*, e a segunda, em *Let it be*.

Na noite daquele 27 de janeiro, o futuro dos Beatles estava em jogo. Allen Klein, empresário ainda ligado aos Rolling Stones, telefonara para John e marcara um encontro, após ter lido sobre a situação quase falimentar da Apple. A proposta de Klein para sanear a empresa competiria com a de Lee Eastman, indicado por Paul McCartney. Lee, pai de Linda e sogro de Paul, era representado então pelo filho e sócio, John Eastman. Segundo relato de John Lennon, reuniram-se e, passados poucos minutos, John Eastman começou a ofender Klein aos gritos. Lennon viu nessa atitude um preconceito de classe e se negou a falar com o cunhado de Paul.

John sugeriu a George e Ringo que ficassem com Klein. Os dois concordaram, e, pela primeira vez, os Beatles tomavam uma decisão importante sem o critério da unanimidade, antes usado até para a inclusão de faixas num disco. Paul insistiu em que revissem a decisão e chegou a chamar Mick Jagger para explicar pessoalmente aos outros Beatles a dificuldade dos Rolling Stones em livrar-se de Allen (que se tornou proprietário dos direitos autorais das canções do Stones de 1963-70, o período áureo do grupo).

Nem assim Paul conseguiu impedir a entrada de Klein na Apple, de início como auditor das finanças, a partir de 3 de fevereiro de 1969. No dia 4, Paul conseguiu contrabalançar parcialmente a situação, nomeando o escritório de advocacia dos Eastman representante legal da Apple. Depois disso, afastou-se e não quis participar mais das decisões da empresa.

Esse racha, que não era artístico e mexia com o bolso de cada um, foi a causa imediata do fim dos Beatles. Amizades que remontavam a 1957 seriam substituídas por raiva e incompreensão. Isso envolveu primeiro John e Paul, mas acabou por liquidar a afeição mútua entre John e George e afastar este de Paul. Os três só mantiveram a ligação com Ringo.

Em 28 de janeiro, os Beatles haviam gravado as versões definitivas de "Get back", de Paul, e "Don't let me down", de John. As duas músicas seriam lançadas em compacto em 11 de abril. Com defasagem de um ano, "Get back" também constaria de *Let it be*. Mais uma vez, os Beatles quebravam sua própria regra de não incluir a mesma música em dois discos diferentes.

Depois daquele show de 30 de janeiro no telhado, o grupo interrompeu as gravações devido a problemas de saúde de George. Ao retomarem as atividades de estúdio, já tinham estabelecido a transição: o álbum *Let it be* ficaria congelado, e a banda começaria a gravar *Abbey Road*. Difícil imaginar que, com tanta adversidade, o trabalho criativo de John, Paul, George e Ringo ainda se manifestasse e pudesse resultar num disco tão coeso. *Abbey Road* foi, este sim, o trabalho de despedida dos Beatles. No começo de março, John e Paul combinariam que, com o material gravado, o produtor Glyn Johns preparasse o LP *Let it be*.

Em 22 de fevereiro, na ausência de Ringo (que, até 2 de maio, atuaria no filme *The magic Christian*), começaram a gravar "I want you (She's so heavy)", de John. Três dias depois, George registrou sozinho uma das mais belas melodias dos Beatles: "Something".

> Something in the way she moves
> Attracts me like no other lover.

> Algo no jeito que ela anda
> Me atrai mais que qualquer outra.

No dia 2 de março, ocorreu a primeira aparição solo de um Beatle em show ao vivo: diante de alunos da Universidade de Cambridge, John tocava rangidos e *feedbacks* de guitarra, único acompanhamento possível para as emissões sônicas de Yoko. Gravado esse material, ele seria lançado em 9 de maio de 1969 com o título *Unfinished music 2 – life with the lions*.

Paul casou com Linda em 12 de março, sem a presença dos outros Beatles. John casou com Yoko oito dias depois, também sem a presença dos demais. Não era coincidência: os Beatles caminhavam em direções conflitantes.

"The ballad of John and Yoko", lado A do compacto lançado em 30 de maio (o lado B era "Old brown shoe", de George), tinha elementos interessantes: foi praticamente a última colaboração musical efetiva entre John e Paul (os dois gravaram tudo, com Paul na bateria) e anunciou a fase que John e Yoko inauguraram após o casamento, com o famoso *bed-in*.

Esse foi o modo insólito que os dois encontraram para divulgar sua mensagem de paz, dando entrevistas à mídia na cama, tudo misturado a canções pacifistas. O *bed-in* se prolongou em Amsterdã até 31 de março, também gravando o material (lançado em 7 de novembro de 1969 no disco *The wedding album*). Da Holanda, foram para Viena, com o mesmo recado pacifista. Na volta à Inglaterra, compareceram a um programa de televisão levando o saco de dormir – e se enfiaram nele para dar a entrevista.

Em 22 de abril, coerente com sua proposta igualitária e feminista, John mudou em cartório o próprio nome, para John Ono Lennon. Afinal, quando se casaram, Yoko passara a chamar-se Yoko Ono Lennon.

Em 26 de abril, os Beatles começaram a gravar outra música de Ringo, "Octopus's garden", que constaria de *Abbey Road*. No dia 30, a produção retomou um tema iniciado e abandonado por John em 1967: "You know my name (look up the number)". Em 6 de março de 1970, a canção seria lançada no lado B do compacto *Let it be*, o último dos Beatles.

Durante uma sessão de estúdio em 6 de maio de 1969, surgiu a idéia de agrupar num *pot-pourri* o lado B do LP *Abbey Road*. Afinal, as faixas, mesmo sendo de autores diferentes, completavam-se e harmonizavam-se. Foi uma das mais brilhantes sacadas musicais do grupo. (Posteriormente, Paul confirmaria que o recado contido em "You never give your money" se destinava a Allen Klein, com sua política de aperto financeiro para salvar a Apple.)

No segundo e último *bed-in*, em Montreal, entre 26 de maio e 2 de junho, John criou uma canção que se tornaria hino do pacifismo: "Give peace a chance". A seu modo, ela ajudaria a forçar a retirada dos EUA do Vietnã, sendo cantada por milhões de manifestantes em todo o mundo. A música foi lançada pela Apple em 4 de julho, com crédito para The Plastic Ono Band, forma que John encontrou para evitar a assinatura Lennon & McCartney numa canção apenas sua. Quando os dois Beatles romperam de verdade e nem mais se falavam, a obrigação de creditar suas músicas a "Lennon & McCartney" virou um inferno para ambos. A cláusula da assinatura dupla (remontando ao contrato que na prática lhes roubou os direitos autorais de suas composições) só seria anulada no começo da década de 1970.

O período de 1º de julho a fins de agosto de 1969 representou um grande esforço final dos Beatles para completar o LP *Abbey Road*. A qualidade do disco correspondeu a esse empenho. Entre 1º e 8 de julho, John não participou das gravações: estava hospitalizado após um acidente de carro, que sofrera junto com Yoko e seus respectivos filhos (Julian e Kioko).

Em 2 de julho, Paul rascunhou "Her Majesty", uma canção de 23 segundos. Era uma brincadeira com a rainha, sendo no entanto favorável a ela. Nem deveria ter sido editada, mas saiu como última faixa de *Abbey Road*. Em outra clara demonstração de que tomavam destinos opostos, Paul gravava a cançoneta quatro meses antes de John devolver a Ordem do Império Britânico, por discordar da política exterior britânica, especialmente em Biafra e na Ásia.

Ainda em 2 de julho, quando George e Ringo chegaram ao estúdio, eles e Paul gravaram "Golden slumbers" e "Carry that weight", numa tomada contínua; a idéia da seqüência no lado B de *Abbey Road* se consolidava. No dia 7, também sem John, os três começaram a registrar outra magnífica composição de George: "Here comes the sun".

John retornou ao estúdio em 9 de julho, para ajudar a gravar as bases de "Maxwell's silver hammer", de Paul. Yoko, com ferimentos mais sérios que os de John, também estava presente – numa cama dupla, instalada especialmente para ela na Abbey Road.

Entre 10 e 20 de julho, os Beatles e George Martin se preocuparam em obter os melhores resultados nas músicas já gravadas. Outras sessões de mixagem e polimento se seguiriam, já que *Abbey Road* foi o primeiro disco dos Beatles lançado inteiramente em estéreo.

No dia 21, os quatro Beatles fizeram oito takes de "Come together", de John. Em 23 de julho, gravou-se "The end", que deveria encaixar-se nos últimos sulcos do vinil. O título era mais que adequado: "O fim" seria a derradeira música do lado B do derradeiro disco registrado pelos Beatles. Mas, acidentalmente, "Her Majesty" ocupou seu lugar.

Uma dupla contribuição de John ao *pot-pourri* de *Abbey Road* foi gravada em 24 de julho: as faixas "Sun king" e "Mean Mr.

Mustard". Ao contrário de outras faixas seqüenciais, elas foram gravadas isoladamente e mixadas depois, com artifícios para que não se percebesse intervalo entre elas.

Também dia 24, os Beatles gravaram como faixa única uma canção de John ("Polythene Pam") e outra de Paul ("She came in through the bathroom window"), ainda para o lado B de *Abbey Road*. Em 30 de julho, uma longa sessão de trabalho resultou na seqüência editada das músicas do lado B.

Em 1º e 4 de agosto, registrou-se "Because", delicada melodia de John. Em 5 de agosto, George completou a gravação dessa música usando (pela primeira vez numa canção dos Beatles) um sintetizador de som, o Moog, novidade que comprara nos EUA. No mesmo dia, Paul solicitou à EMI que providenciasse sininhos, mais sons de pássaros e grilos, para preencher minúsculos vazios que restavam no lado B de *Abbey Road*.

As canções estavam prontas, sua seqüência também. Restava aos Beatles, a partir de 6 de agosto, remixar algum instrumento ou dobrar vozes. Nessa fase, os quatro raramente iam ao mesmo tempo aos estúdios. Uma das exceções ocorreu em 8 de agosto: John, Ringo, Paul e George atravessaram a Abbey Road para a foto de capa do disco e retornaram ao estúdio.

No dia 20, eles se reuniram na Abbey Road para uma longa sessão de trabalho. Entre as 14h e as 18h, gravaram o complemento e ouviram a mixagem final de "I want you (She's so heavy)". Das 18h à 1h15, tiveram de fazer escolhas: o lado B poderia transformar-se no A; e neste não estava acertada a ordem em que entraria a música de Ringo. O quarteto resolveu manter os lados A e B como tinham sido gravados; e inverteu-se a ordem de "Octopus's garden" e "Oh! Darling".

Aquele 20 de agosto de 1969 entraria para a história da música popular como o último dia em que os Beatles trabalharam juntos.

Abbey Road seria lançado em 26 de setembro de 1969. Era um trabalho de ourivesaria musical que teve imediata aceitação do público. O que pareceu estranho foi a comercialização, em 31 de outubro, do compacto *Something/Come together*, com as duas faixas que abriam o LP recém-lançado. Nada assim acontecera antes. Talvez problemas de caixa na Apple explicassem a decisão.

Depois daquele estirão em 20 de agosto, os Beatles não haviam se reunido mais, nem mesmo socialmente. Todos cuidavam de projetos individuais: John envolvido com a Plastic Ono Band; George acumulando gravações de músicas que constariam do LP de estréia solo no ano seguinte e participando de shows de Delaney & Bonnie; Ringo elaborando, com produção de George Martin, o LP *Sentimental journey*, em que incluía suas referências musicais, nem todas dos Beatles; Paul descansando.

A sangria da Apple estava aparentemente estancada. Ao fim e ao cabo, Allen Klein demitiu 50% dos empregados da empresa, além de suprimir subsidiárias como a Apple Electronics. Mais: renegociando com a EMI-Capitol os direitos dos Beatles, conseguira para eles um acordo especial. A gravadora aceitara elevar para 25% dos preços de varejo dos discos os *royalties* que cabiam à banda. Esse valor seria pago diretamente à Apple.

Em 20 de setembro de 1969, os quatro Beatles foram convocados à sede da Apple para assinar o novo e milionário contrato. Quando a conversa derivou para "novos projetos" ("Vamos continuar juntos?"), Paul bateu na tecla de sempre: voltar ao básico, em pequenos shows. John o interrompeu, dizendo que ele falava besteira. Ressalvando que, por recomendação de Allen Klein, não quisera comentar o assunto antes da assinatura do contrato, John anunciou que, já que o tema surgira, ele tinha algo a dizer: "Estou saindo do grupo".

Os outros três ficaram perplexos. Sabiam que não era blefe, nem arroubo como os que Ringo e George haviam tido por causa das condições em que trabalhavam. Paul, George e Ringo resolveram aguardar: John e Yoko estavam deixando a heroína, ele não vivia um momento de equilíbrio e poderia voltar atrás. Fosse como fosse, imaginaram, o eventual comunicado do fim dos Beatles passaria pelas mãos de Allen Klein, de modo que se divulgasse a notícia em ocasião que não prejudicasse agudamente a Apple.

Em outubro de 1969, Paul se refugiou com Linda na fazenda dele na Escócia. Estava deprimido e sentia que os Beatles tinham realmente acabado. Terminou por assimilar os fatos e, pouco antes do Natal, voltou a Londres, passando a gravar canções para *McCartney*, seu LP de estréia solo.

Em 15 de dezembro, Glyn Johns ainda trabalhava no material de *Let it be*. Naquele dia, esse produtor foi incumbido de, usando as gravações de baixa qualidade disponíveis, elaborar de qualquer jeito um LP dos Beatles.

Johns tocou o trabalho até 4 de janeiro de 1970. A partir daí, Phil Spector assumiu a produção do disco, ao passo que outra equipe cuidava de montar o documentário. Essas duas decisões foram tomadas por John e Klein, tendo sido apoiados por George e Ringo.

Paul ficou horrorizado quando ouviu o trabalho final. Solicitou por escrito a Klein várias mudanças no LP. Dentre tudo o que detestou, o pior era a utilização de corais femininos em "The long and winding road", coisa que os Beatles nunca tinham feito na carreira. Foi ignorado.

Quando tentou confirmar a data do lançamento de seu álbum solo, Paul recebeu uma negativa da Apple. Sem avisá-lo, Klein e John tinham antecipado o lançamento de *Let it be*, tanto o documentário quanto o LP, que ficaram prontos em 2 de abril. A pré-estréia do filme ocorreria em Nova York, em 13 de maio; depois, seria a vez de Londres e Liverpool, em 20 de maio. Já o LP foi lançado na Inglaterra em 8 de maio. Antes, em 6 de março, a Apple comercializara um compacto simples com "Let it be", de Paul, e "You know my name (look up the number)", de John.

Paul recorreu a George, na condição de co-diretor da Apple, e conseguiu colocar o LP *McCartney* no mercado em 17 de abril de 1970, o dia previamente acertado. Mas aquilo foi a gota d'água para Paul. Após ter visto que seus esforços para reagrupar o conjunto eram inúteis, após ter travado a luta sobre os rumos do comando da Apple, após ter sabido pelo próprio John que este só ficaria no conjunto pelos interesses da empresa, Paul desistiu.

Em 10 de abril de 1970, Paul McCartney, por meio do *press release* de seu álbum, falou à imprensa e anunciou que os Beatles tinham acabado. À última pergunta, sobre se Lennon & McCartney poderiam tornar a compor em parceria, Paul se limitou a responder: "Não".

A notícia do fim dos Beatles foi destaque mundial na mídia. Não era para menos: tratava-se da precoce saída de cena de quatro jovens que tinham ensinado grande parte de uma geração a sonhar.

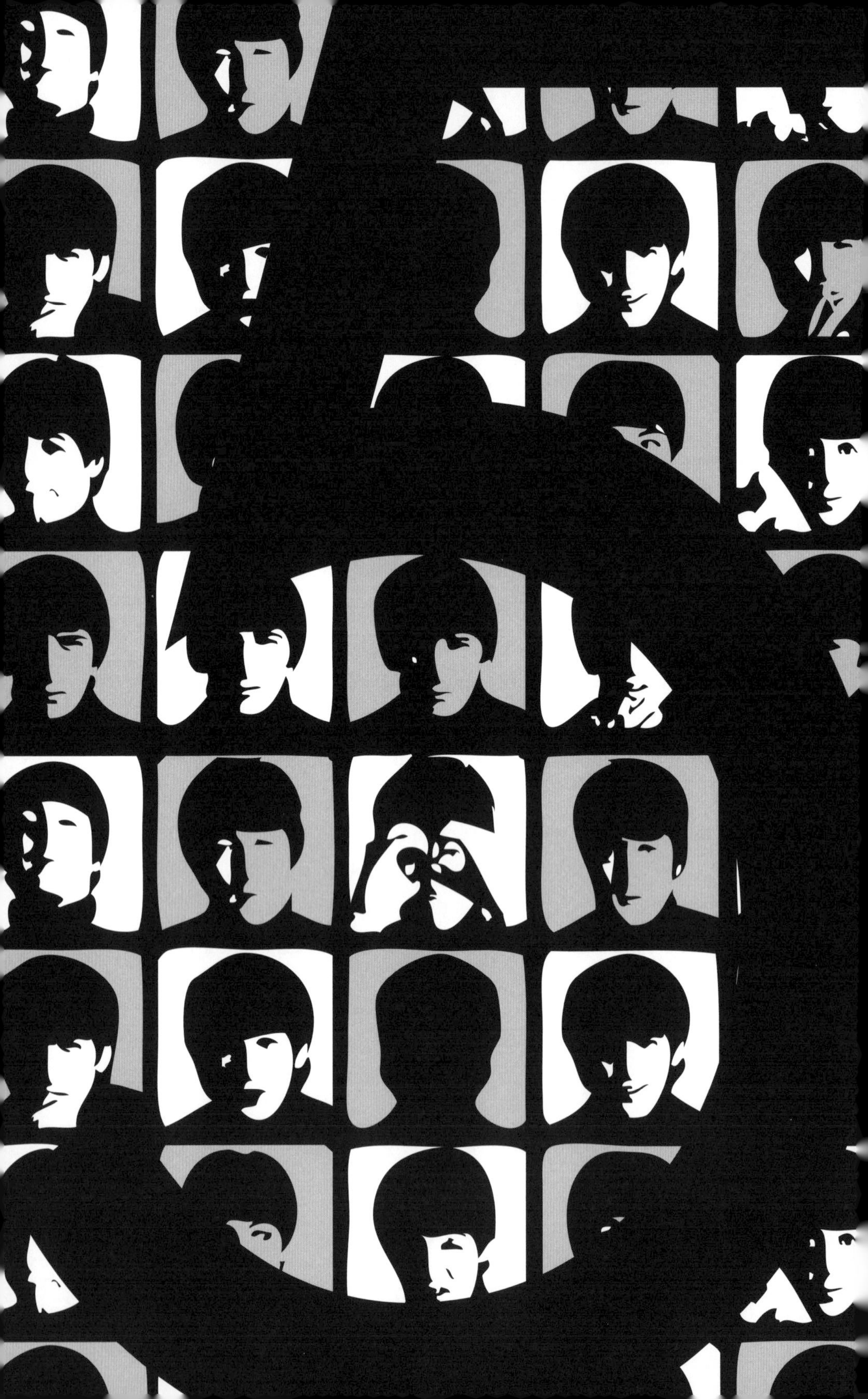

Ex-Beatles

John, George e Ringo ficaram furiosos com a antecipação unilateral do anúncio do fim dos Beatles, considerando o fato uma traição de Paul. Só quatro anos depois, em 1974, John voltaria a falar com o antigo parceiro. George retomaria a amizade com Paul, não sem ressalvas. Ringo não romperia a amizade com ninguém.

De qualquer forma, era fato consumado, e cada qual tocou seus projetos individuais. No entanto, alguém precisava levar a culpa pelo fim do maior conjunto de música popular da história. Após alguma hesitação, quase toda a mídia apontou Yoko Ono como a destruidora dos Beatles.

Essa versão foi propalada pelo biógrafo oficial do grupo, Hunter Davies, que a divulgou no *Sunday Times*. Davies estereotipou a questão e deixou de lado todos os outros fatores que levaram ao fim dos Beatles, desde a morte de Brian Epstein até as dissensões entre Paul e os outros três e os problemas de gestão da Apple.

A empresa passou a ser o objeto das preocupações de Paul McCartney. Afinal, ela era o resultado de milhões investidos pelos quatro músicos e, apesar das sangrias iniciais, valia muito dinheiro. Paul, orientado por John Eastman, soube que não poderia processar Allen Klein por nenhum dos motivos que expusera ao cunhado: ter tentado postergar o lançamento do LP *McCartney*, ter alterado a faixa "The long and winding road"; e ter transferido da Apple para a United Artists os direitos sobre o documentário *Let it be*.

Então, em 18 de fevereiro de 1971, Paul decidiu processar os outros Beatles para dissolver a sociedade, requisitando uma auditoria nos negócios e um curador que administrasse provisoriamente os bens da Apple. O objetivo indireto, porém, continuava a ser expulsar Klein da Apple, embora Paul não tivesse como explicar isso aos outros três (ninguém estava falando com ele).

O processo acabou se tornando um julgamento objetivo sobre a capacidade de Klein de gerir os negócios. Feita a análise de muito material contábil, a defesa de Paul encontrou um documento que indicava ser Klein um administrador não-confiável: um cheque. Ele teria direito a 20% sobre uma renegociação com a Capitol Records para que se elevasse de 17,5% para 25% os direitos dos Beatles sobre a vendagem de discos. Assim, o percentual correspondente a Klein seria de 20% dos 7,5% que ele obtivera a mais. Mas Klein recebera 20% sobre o *total* dos direitos de venda.

Depois disso, a Justiça deu ganho de causa parcial a Paul McCartney, determinando que um curador administrasse a sociedade até um processo e uma sentença futuras. Superado o trauma da disputa judicial entre si, os Beatles, para livrar-se de Allen Klein, tiveram de continuar o processo contra ele até 1977 – quando, por acordo judicial, Klein recebeu 4,2 milhões de dólares para retirar-se da Apple. A empresa continua operando e fatura bastante em acordos com a Apple Computer (após litígio por uso indevido da marca). A Apple Corps foi registrada pelos Beatles em quase todo o mundo e tem diretoria nomeada por Paul, Ringo e viúvas de John e George.

Ringo

O ex-baterista foi o primeiro a veicular discos solo após o fim dos Beatles. Ele já vinha trabalhando desde 1969 em *Sentimental journey*, com regravações antigas e também dos Beatles, e o lançou em 1970. No mesmo ano, editou *Beacoups of blues*, no estilo country de que sempre foi fã. Os dois álbuns tiveram pouco sucesso.

Em 1971, Ringo participou como baterista de *All things must pass*, disco de George Harrison; e de uma das gravações da Plastic Ono Band, com John Lennon. Atuou também no *Concert for Bangladesh*, organizado por George Harrison em benefício dos refugiados que chegavam daquela região (na época, parte do Paquistão) à Índia. Lançou ainda um compacto com "It don't come easy", que chegou ao quarto lugar nas paradas dos EUA e do Reino Unido.

Com "Back off boogaloo", chegou ao segundo lugar nas paradas britânicas. "Photograph", uma parceria com George Harrison, e "You're sixteen (You're beautiful and you're mine)", só de Ringo, chegaram ao primeiro lugar nas paradas dos EUA.

O ano de 1973 marcou o ápice da carreira solo de Ringo. O álbum *Ringo* alcançou sucesso de vendas porque, pela primeira e última vez, contava com a colaboração dos quatro Beatles, embora em faixas diferentes: John e Paul compuseram cada qual uma música para o LP, e George participou da regravação de sua parceria com Ringo em "Photograph".

Entre 1974 e 1978, Ringo lançou discos que não repercutiram. Alternou então períodos de trabalho como ator, dando continuidade ao que fizera nos anos 1960. Em 1974, filmou *Son of Dracula* (*O filho de Drácula*) e, em 1981, *Caveman* (*O homem das cavernas*). Nesse último trabalho, conheceu a segunda mulher, Barbara Bach (ele se divorciara de Maureen Cox em 1975).

Em 1981, junto com Paul McCartney, participou da gravação do disco em que George Harrison homenageava John Lennon, morto em dezembro de 1980. O LP teve grande repercussão porque também selava o fim do sonho de milhões de fãs de ver os Beatles reunidos novamente.

Em 1981 e 1983, Ringo lançou outros discos, que também não tiveram sucesso. Mas, em 1989, teve a idéia de convidar alguns amigos, nomes consagrados do rock, e sair numa série de shows, batizada *Ringo Starr and his all star band*. Cada músico participava de todas as músicas e podia cantar uma composição própria. A série foi sucesso de público e crítica, contando com Peter Frampton, John Entwistle (ex-The Who), Roger Hodgson (ex-Supertramp) e outros.

Vertical man, o 11º LP solo de Ringo, obteve relativo sucesso. Lançado em 1998, contou com participações de George e Paul.

Em 2005, Ringo deu a volta por cima com o CD *Choose love*, de muito êxito.

GEORGE

Além da trilha musical do filme *Wonderwall*, George Harrison já produzira em 1969 outro trabalho experimental, *Electronic sound*, em que usava sintetizador Moog. Esses discos, entretanto, eram brincadeira se comparados ao que George vinha gestando.

Sem espaço nos LP dos Beatles, ele acumulara enorme material, de excepcional qualidade, e decidiu lançar no fim de 1970 um LP triplo (o primeiro da história). Mesmo um amigo como John Lennon duvidou do empreendimento, pelo menos em termos de sucesso comercial. No início de 1971, George poderia rir de John: *All things must pass* vendeu milhões de cópias em todo o mundo e seria considerado por muitos especialistas o melhor disco solo de um ex-Beatle. Uma das músicas mais tocadas do álbum foi "My sweet Lord". Número 1 nas listas das mais vendidas e interpretadas, era o carro-chefe de *All things must pass*. Com arranjo e acordes simples, a música era facilmente memorizável.

Por ironia, essa característica se transformaria no pesadelo musical de George. Os primeiros alertas vieram de amigos: "My sweet Lord" soava como uma música de 1963, "He's so fine", composta por Ronnie Mack, já então falecido. Os direitos autorais eram propriedade dos herdeiros de Mack e da editora Bright Tunes, que processaram George. O caso se arrastou por dez anos, e George perdeu a causa: em fevereiro de 1981, foi obrigado a pagar 857 mil dólares por plágio não-intencional.

George deve ter-se sentido numa gaiola ao entregar o cheque: quem o recebeu foi Allen Klein, que, após ter-se enfrentado com Paul McCartney, brigara também com os outros ex-Beatles. De qualquer forma, a sentença preservava para George os direitos autorais de "My sweet Lord" nos mercados dos EUA, Canadá e Reino Unido.

Klein, de sua parte, comprara a Bright Tunes em 1980, numa última vendeta: George e os demais haviam ficado contentes com a sentença de dois meses de prisão que Klein tivera de cumprir em 1979. O motivo foi a venda irregular de discos, especialmente os do *Concert for Bangladesh*.

Em 1971, a pedido do amigo indiano Ravi Shankar, George organizara aquele evento em prol dos refugiados de Bangladesh, com renda a ser doada ao Unicef. Coordenou os trabalhos para os dois shows, ambos no Madison Square Garden (Nova York), e convidou os colegas músicos a participarem. Data daí a animosidade entre John Lennon e George Harrison: George não permitiu de jeito nenhum que Yoko Ono subisse ao palco. Paul não foi, alegando ser ainda muito cedo para reunir o grupo. Ringo compareceu, junto com celebridades como Eric Clapton, Bob Dylan e o próprio Ravi Shankar. Fez-se um LP ao vivo, também para venda em benefício dos refugiados de Bangladesh.

Em *Living in a material world*, álbum de 1973, George chegou novamente ao topo das paradas americanas, com o sucesso "Give me love (Give me peace on earth)". Em 1974, recebeu críticas muito negativas por *Dark horse*, seu novo trabalho. Também em 1974, separou-se de Pattie Boyd, que menos de dois anos depois casaria com o melhor amigo dele, Eric Clapton. O fato não abalou a camaradagem entre os dois músicos.

George decidiu voltar à estrada, mas seu novo show foi criticado pelo excessivamente longo (para platéias ocidentais) número de Ravi Shankar, que abria a apresentação. Além disso, George sofria com problemas vocais, e sua voz falhava. Os problemas se acumulavam: George queria lançar seu selo, Dark Horse, mas antes, em 1975, precisou veicular um último álbum pela Apple, resquício do fim dos Beatles.

Em 1976, lançou *33 and 1/3*, estréia de seu selo. O disco não andou bem nas paradas, sobretudo porque George teve hepatite e ainda precisou mudar de distribuidora (por atraso na entrega do LP).

Em 1978, nascia seu único filho, Dhani Harrison. George casou com a segunda mulher, Olivia Trinidad Arias, um mês após o nascimento do filho.

Em 1979, veio à luz o álbum *George Harrison*, também sem sucesso de público. No mesmo ano, junto com o sócio Denis O'Brian, George estabeleceu a Handmade Films. Essa produtora cinematográfica realizaria, entre outros títulos, as películas *Life of Brian* (*A vida de Brian*, 1979), com o Monty Python, e *Shanghai surprise* (*Surpresa em Xangai*, 1986), com Madonna.

Ao lançar a autobiografia *I me mine* (1980), George provocou a ira de John. Os dois já não se falavam havia anos. John se reconciliara com Paul, que por sua vez se reconciliara com George (o elo entre todos sempre foi Ringo). Em entrevista à *Playboy* americana, John reclamou asperamente por ter sido citado apenas onze vezes no livro de George. (Barry Miles, o biógrafo de Paul, brinca com isso, lembrando que, no livro *I me mine*, George citava Paul cerca de metade das vezes que citava John...)

No entanto, imediatamente após a morte de John, George dedicou a ele uma canção: "All those years ago". Paul, Linda e Ringo participaram da gravação, que chegou ao segundo lugar nas paradas americanas. Entretanto, o álbum em que foi lançada, *Somewhere in England*, representou um dos piores momentos da carreira de George (que ainda viu quatro músicas serem vetadas pela produtora, a Warner).

Seguiu-se um de seus piores trabalhos, o álbum *Gone troppo*, de 1982. Nos cinco anos subseqüentes, George não produziu mais nada. Mas, em 1987, voltou com disco *Cloud 9*, que teve reconhecimento de crítica e público.

Em 1988, formou uma superbanda, os Traveling Wilburys, em que os participantes usavam pseudônimo. Lançado naquele ano, o disco *Traveling Wilburys vol. 1* tinha participação de Jeff Lynne, Bob Dylan, Roy Orbinson e Tom Petty. Em 1990, outro disco completaria a obra (agora sem Roy Orbison, já falecido).

Acompanhado por Eric Clapton, George iniciou em dezembro de 1991 uma turnê pelo Japão. Pela primeira vez, tocava antigos sucessos seus incluídos em discos dos Beatles. A série de shows resultou no álbum *Live in Japan*, lançado em julho de 1992.

A turnê japonesa marcou as últimas aparições do artista George Harrison. Quando voltou para Los Angeles (onde morava), descobriu que estava com câncer no pulmão. Ainda trabalharia com música: deixou várias canções prontas e algumas por acabar, e o filho as editaria no CD póstumo *Brainwashed* (2002).

Em 29 de novembro de 2001, George Harrison sucumbiu a uma metástase cancerígena no cérebro. O corpo foi cremado, e as cinzas, jogadas no Ganges. Todas as emissoras de rádio e TV noticiaram a morte de George com o mesmo fundo musical: "My sweet Lord". Um artista de produção tão vasta e bela, e resolveram lembrá-lo com seu único plágio.

Um ano depois, a viúva, Olivia, e o amigo Eric Clapton promoveram o *Concert for George*, no Royal Albert Hall (Londres). Além do filho, Dhani, participaram Ravi Shankar, Tom Petty, Billy Preston, Paul McCartney e Ringo Starr. O espetáculo, gravado em CD duplo mais DVD, faz justiça à arte de George Harrison.

Paul

Após o fim dos Beatles, Paul McCartney continuou no topo da música popular mundial. Se antes dividira com John Lennon vinte primeiros lugares nas paradas americanas, Paul, até 2007, comporia sozinho mais nove canções que chegariam à mesma posição.

Em *McCartney*, que conseguiu lançar antes do último disco dos Beatles (*Let it be*), Paul escreveu todas as músicas, gravou todos os instrumentos e produziu o LP num estúdio montado em sua casa. A crítica, porém, considerou o trabalho precário demais. No disco, Linda já fazia o apoio vocal e recebia as primeiras das infindáveis críticas a sua falta de talento musical.

Em 1971, o compacto *Another day* virou sucesso. O LP solo daquele ano tem o título *Ram* e, na capa, a foto de dois besouros (*beetles*) copulando, referência nada sutil ao que Paul desejava para os Beatles. O disco continha também alfinetadas em John, que responderia com "How do you sleep?" ("Como você consegue dormir?").

Ainda em 1971, depois de ter gravado *Ram*, Paul decidiu formar outra banda, os Wings (Asas). Durante sua existência, o grupo teve muitos integrantes eventuais. Os músicos fixos eram Paul no baixo, Danny Laine na guitarra e Linda nos teclados. Com Denny Seiwell na bateria, lançaram em dezembro de 1971 o LP *Wild life*; gravado em pouco tempo, sem terem "cozinhado" as canções, foi muito pouco elogiado pela crítica.

Em 1972, a BBC censuraria Paul e os Wings pelo conteúdo político da canção, lançada em compacto, "Give Ireland back to the Irish" ("Devolvam a Irlanda aos irlandeses"). Em 1973, o conjunto conseguiu um *hit*, "My love", e o talento de McCartney ganharia projeção mundial com "Live and let die", da trilha do filme de 007 que tinha o mesmo nome.

Ainda em 1973, os Wings gravaram na Nigéria seu álbum de maior repercussão: *Band on the run*. Eleito disco do ano pela crítica, teve também enorme aceitação popular, chegando ao primeiro lugar nas paradas.

Após uma turnê pela Austrália em 1975, os Wings lançaram trabalhos de menos receptividade. No fim daquele ano, abriram uma excursão pelos EUA que terminaria apenas em 1976 e cujo material seria editado no LP *Wings over America*.

Depois disso, o grupo parou com turnês e gravações. Só no fim de 1977 os Wings reapareceram, num compacto com a música "Mull of Kintyre". A canção resgatava o som da gaita de foles, e o disco foi recordista de vendas no Reino Unido durante anos.

Em 1978, o Wings era de novo um trio. Contra todos os prognósticos, o disco lançado então, *London Town*, foi o mais vendido da banda. No ano seguinte, com dois novos integrantes, lançaram o álbum *Back to the egg*.

Em 1979, Paul McCartney organizou espetáculos em benefício dos refugiados de guerra do Camboja. Os shows se realizaram em Londres, com a participação dos Wings, Queen, The Who, Pretenders e The Clash, entre outros. Editou-se um LP do evento, *Concert for the people of Kampuchea*, com renda revertida para o Unicef.

Logo após esses concertos beneficentes, os Wings embarcaram para uma turnê no Japão. Lá, Paul ficou preso por nove dias depois do desembarque, sob a acusação de porte de maconha. Sua deportação marcou o fim do grupo.

Paul voltou à carreira solo em 1980, com o álbum *McCartney 2*, cujo destaque era a canção "Coming up". Em dezembro do mesmo ano, John Lennon foi assassinado, e Paul ficou arrasado. Os dois haviam reatado em 1974, e Paul e Linda visitavam John e Yoko. "Voltamos a ser amigos, o que foi realmente ótimo. Chorei rios de lágrimas naquele dia, mas, quando a poeira assentou, pude pensar: 'Pelo menos eu e ele estávamos de bem'." Em 1981, Paul participou de "All those years ago", a homenagem de George a John.

Um dos maiores sucessos de Paul é *Tug of war*, o álbum de 1982. Além da assinatura de George Martin na produção, o disco traz "Ebony and ivory", uma das mais belas composições deste gênio melódico que é Paul McCartney. A canção foi interpretada em dueto com Stevie Wonder, o que só a enriqueceu e tornou ainda mais contundente o conteúdo anti-racista da letra.

Também em 1982, Paul compôs em parceria com Michael Jackson a música "The girl is mine", que os dois gravaram. A canção só foi lançada no álbum *Thriller*, de Michael. Em 1983, Paul fez sucesso com *Pipes of peace*, álbum que continha "Say, say, say", segunda e última parceria sua com Michael.

Michael Jackson, já então um megastar, mostrou a Paul uma das coisas pelas quais mais lutara: a íntegra dos direitos autorais das canções dos Beatles. Michael comprara o catálogo a título de investimento, enquanto Paul e John tentavam reaver o que lhes fora tirado quando ainda eram adolescentes. A amizade com o músico americano acabou.

O sucesso de Paul de 1984 foi "No more lonely nigths", que integrou a trilha musical do filme *Give my regards to Broad Street*, em que Paul e Linda atuaram com Ringo e Barbara Bach. Em 1986, Paul lançou *Press to play*, o álbum que a crítica consideraria o mais fraco de sua carreira.

No mesmo ano, comprou o prédio da escola em que estudara, para reformá-lo e reabri-lo com o nome Liverpool Institute for Performing Arts.

Depois do álbum *Flowers in the dirt*, de 1989, Paul voltou à estrada no *The Paul McCartney world tour*. Documentada no disco *Tripping the live fantastic* (1990), a turnê juntava sucessos recentes com clássicos dos Beatles. O giro mundial de Paul McCartney teve seu auge no Brasil: em abril de 1990, ele se apresentou para 184 mil pessoas no Maracanã, quebrando outro recorde mundial.

Em 1991, numa colaboração com o maestro Carl Davis, incursionou pela primeira vez pela música erudita, com o *Liverpool oratorio*. Desde então, lançou outras cinco obras eruditas, a mais recentes das quais é *Ecce cor meum* (2006).

Na vertente popular, Paul lançou *Unplugged* em 1991 e *Off the ground* em 1993. Após esse último disco, Paul saiu em nova grande turnê, *The new world tour*, documentada em CD e DVD com o título *Paul is live*.

Em 1994 e 1995, com a autorização de Yoko, viúva de John, os três Beatles remanescentes, Paul, Ringo e George se reuniram para concretizar um projeto antigo e grandioso: *The Beatles anthology*. Ele abrangia um livro biográfico, um documentário em vídeo e três CD duplos com algumas canções inéditas (ou canções conhecidas com versões diferentes). Chegaram a completar duas músicas "dos Beatles" ao mixar suas vozes à de John, em trabalhos que ele deixara inacabados.

Depois do álbum *Flaming pie* (1997), Paul precisou enfrentar a morte da mulher. Linda teve câncer de mama e não resistiu a uma metástase, vindo a falecer em 17 de abril de 1998.

Em 1999, Paul lançou dois trabalhos, um com clássicos do rock (*Run devil run*) e outro com canções pop gravadas por orquestra (*Working classical*). Em 2001, editou uma coletânea com o melhor dos Wings (o disco *Wingspan*), um documentário sobre a mesma banda e um trabalho erudito dedicado à esposa (*Garland for Linda*). No fim daquele ano, Paul organizou um show em homenagem a Nova York, após os atentados de 11 de setembro.

Ainda em 2001, Paul lançou o álbum *Driving rain* e, em 2002, iniciou uma turnê que se transformaria no DVD e CD *Back in the USA*.

Também em 2002, casou pela segunda vez, com a modelo inglesa Heather Mills, que não tinha uma perna e fazia campanha contra as minas terrestres. Em 2003, nasceu a filha do casal, Beatrice.

Paul McCartney continua ativo como sempre. Em 2002 e 2005, apresentou-se no Super Bowl, a final do campeonato de futebol americano (evento que tem o mais alto preço de inserção publicitária na TV). Em 3 de junho de 2002, fechou também o show do jubileu de ouro da coroação da rainha Elizabeth II. Em 2005, lançou o álbum *Chaos and creation in the backyard*, indicado para o Grammy. Em setembro de 2006, foi a vez de *Ecce cor meum*; com libreto em latim e inglês, essa obra erudita parece ter sido o trabalho que mais desafiou o talento e a poesia do ex-Beatle, já que ele demorou oito anos para completá-la.

Em maio de 2006, Paul anunciara que estava se separando de Heather Mills. O processo de divórcio se iniciou em julho de 2006 e tramita em sigilo de Justiça. Em janeiro de 2007, a imprensa britânica noticiou que as partes haviam chegado a um acordo financeiro, referente a indenização e pensão para Heather e pensão alimentícia para Beatrice. Isso, entretanto, não foi confirmado. Especulava-se que os valores serão talvez os mais altos já pagos por um divórcio na Inglaterra. Jornais britânicos calcularam que, em 2007, a fortuna de Paul fosse de aproximadamente 750 milhões de libras, ou cerca de 1,5 bilhão de dólares ao câmbio de então.

John

O futuro de John Lennon sem o grupo começou a ser traçado numa batida policial, muito tempo antes do fim dos Beatles. Em outubro de 1968, a polícia se dirigiu à residência de Ringo, onde John e Yoko estavam provisoriamente alojados. A ação resultou num flagrante de posse de maconha. Preocupado com a gravidez de Yoko (que em dezembro teria um aborto espontâneo), John assumiu a posse da droga, e os policiais se retiraram.

Esse caso, já praticamente tirado da ilegalidade, seria o único motivo para uma perseguição que, no século 21, viraria documentário (*The US vs. John Lennon*, 2006). Em 1971, quando John e Yoko decidiram lutar pela custódia da filha dela (Kioko), o presidente Richard Nixon não teria gostado nada da presença de um dos ícones do pacifismo mundial em seu país. Os EUA estavam a menos de dois anos de outra nova eleição presidencial, e Nixon queria (como de fato obteve) a reeleição.

Basicamente, John foi espionado, filmado e fotografado, teve telefones grampeados, e pessoas com quem tinha contato se viram seguidas. O pior eram as audiências trimestrais: não se decidia o caso, e ele renovava por apenas mais três meses o visto de permanência. A perseguição só terminou em 1976, com a obtenção do *green card*. Naquela altura, Nixon já tivera de renunciar, após o escândalo de Watergate.

Em outubro de 1969, os outros três Beatles não haviam querido lançar um compacto simples que, no lado A, traria uma canção para exprimir o tormento causado pela abstinência de drogas. John então gravou, com a Plastic Ono Band, "Cold turkey", gíria inglesa para essa abstinência. A rota de colisão já estava traçada, e John, com Yoko, decidiu aceitar o convite dos organizadores do *Rock 'n' roll revival concert*, em Toronto.

No evento, ele relembrou vários clássicos do rock e esteve muito bem acompanhado por Eric Clapton na guitarra solo e Alan White (que depois integraria o Yes) na bateria. Apesar da escassez de ensaios, improvisados dentro do avião, John recriou "Yer blues" numa versão mais criativa que a gravação original do Álbum Branco (1968). *Live peace in Toronto* foi o LP lançado por ele no fim de 1969. O disco só não foi sucesso absoluto porque o lado B era "Don't worry Kioko", interminável improviso de Yoko sobre a luta do casal para recuperar a custódia da menina.

Se excluímos os LP experimentais e o do show em Toronto, o primeiro disco oficial de John como ex-Beatle é *John Lennon Plastic Ono Band*, lançado em dezembro de 1970. Na época, John e Yoko se submetiam em Los Angeles à terapia do grito primal. Essa técnica, do psiquiatra Arthur Janov, consistia em recuperar os primeiros traumas (os mais ancestrais na personalidade) para alcançar a paz e a harmonia perdidas.

O grito de John seria uma de suas mais belas melodias e um de seus poemas mais trágicos: "Mother" exorciza o abandono pelo pai e pela mãe, na infância, e se dirige ao filho Julian, que o próprio John tivera de abandonar (após o divórcio de Cynthia).

Com o álbum *Imagine* (1971), John voltou ao primeiro lugar das paradas dos EUA e do Reino Unido. A faixa-título se transformou em novo hino à paz e é referência para pessoas do mundo todo. ("How do you sleep?", aquela canção que ataca o ex-parceiro Paul McCartney, mas que John depois renegaria, também está nesse LP.)

John e Yoko se mudaram para Nova York em 1971. No ano seguinte, lançaram o álbum *Sometime in New York City*. Panfletário, tinha músicas de protesto contra o racismo e o sexismo, como "Woman is the nigger of the world" e "Sunday Bloody Sunday" (em referência ao "Domingo Sangrento", na Irlanda do Norte).

O LP *Mind games* (1973), outro libelo de John contra a violência, marcou o começo de sua separação provisória de Yoko. Alegando querer provar que a relação do casal era forte o suficiente, John começou a sair com uma assistente, May Pang. John e May acabaram por mudar-se para Los Angeles, onde May o estimulou a participar mais da vida de Julian.

Em 1974, John passava o tempo se embebedando com velhos amigos, entre eles Ringo Starr. Apesar disso, conseguiu lançar o álbum *Wall and bridges*, com destaque para "Whatever gets you thru the night", um rock de cara antiga. A música tinha participação de Elton John, que no mês seguinte faria um show em Nova York; John, aceitando o convite de Elton, compareceria ao Madison Square Garden. Pouco tempo depois, separou-se de May e voltou a morar com Yoko.

Em *Rock 'n' Roll* (1975), ele mostrou suas versões para as músicas que ouvia na juventude. A balada "Stand by me" se destacou no disco e seria muito tocada nas rádios. Ainda durante as gravações, John soube que Yoko estava grávida. Sean Taro Ono Lennon nasceria em 9 de outubro de 1975, o aniversário de 35 anos de John. O pai decidiu abandonar a carreira para dedicar-se ao filho e à esposa. Nos cinco anos seguintes, quando criava alguma canção, registrava o material num gravador doméstico.

Em 1980, John decidiu voltar a gravar. Conversou com Yoko, que aprovou o projeto. Combinaram que o repertório seria uma espécie de diálogo musical entre os dois, com cada qual compondo uma canção em resposta à do outro. No final de agosto, estava gravado *Double fantasy*, o último disco de John Lennon. Lançado em novembro, o disco teve boa recepção, até pelos cinco anos de afastamento do ex-Beatle.

Na tarde de 8 de dezembro, John e Yoko tiveram uma sessão de fotos para a revista *Rolling Stone*. À noite, foram ao estúdio começar a gravar o que deveria ser o LP seguinte, *Milk and honey* (lançado postumamente). O casal voltou para o apartamento em que morava, no edifício Dakota, de frente para o Central Park (Nova York).

Quando John chegava à entrada do prédio, uma voz o chamou: "Mr. Lennon?" Ele se virou, e um insano chamado Mark David Chapman o baleou cinco vezes (três nas costas, uma no pescoço e uma no braço). John ainda deu alguns passos, mas caiu diante do prédio. Levado ao hospital, morreu antes de poder chegar à mesa de cirurgia.

A comoção mundial que a notícia da morte provocou tem poucos paralelos. Nosso único consolo é que, enquanto houver música e poesia, as canções de John Ono Lennon serão ouvidas.

Mark Chapman foi preso de um modo surreal: não abandonou a arma do crime, nem se moveu do lugar de onde disparara.

O porteiro do Dakota lhe perguntou: "Você sabe o que fez?" Chapman respondeu com calma: "Eu atirei em John Lennon".

Em 10 de outubro de 2006, Mark Chapman teve negado pela quarta vez o pedido de liberdade condicional na pena que cumpre pelo assassinato de John. A Justiça de Nova York deliberou que Chapman permaneceria no mínimo mais dois anos na prisão. A junta que avaliou o pedido de condicional se manifestou dizendo que "continua preocupada com a bizarrice daquele crime premeditado e violento".

Epílogo

Em 30 de junho de 2006, uma sexta-feira, Paul McCartney, Ringo Starr, Olivia Trinidad Arias (viúva de George Harrison), Yoko Ono (viúva de John Lennon), Julian Lennon e Cynthia Lennon (primeira mulher de John) se reuniram numa seleta platéia no Hotel Mirage, em Las Vegas.

Era a estréia mundial de *Love*, show do Cirque du Soleil que tinha músicas dos Beatles como temática. O espetáculo fora costurado alguns anos antes, entre George Harrison e Guy Laliberté, fundador do Cirque. Pela primeira vez, a Apple Corps liberava um lote de obras para apresentação pública. As músicas se transformariam no disco *Love*, com remixagem e masterização de George Martin e seu filho Giles, os quais haviam trabalhado quase três anos no projeto, na Abbey Road. A obra seria comercializada como CD simples e como CD simples mais DVD.

Assim, o circo revolucionário fundia presente e passado, encanto e nostalgia, unindo sua magia à dos Beatles.

DISCOGRAFIA COMPLETA (REINO UNIDO), 1962-70

COMPACTOS SIMPLES

My bonnie/The saints, 5 de janeiro de 1962 (com Tony Sheridan)

Love me do/PS I love you, 5 de outubro de 1962

Please please me/Ask me why, 11 de janeiro de 1963

From me to you/Thank you girl, 11 de abril de 1963

She loves you/I'll get you, 23 de agosto de 1963

I want to hold your hand/This boy, 29 de novembro de 1963

Can't buy me love/You can't do that, 20 de março de 1964

A hard day's night/Things we said today, 10 de julho de 1964

I feel fine/She's a woman, 27 de novembro de 1964

Ticket to ride/Yes it is, 9 de abril de 1965

Help/I'm down, 23 de julho de 1965

We can work it out/Day tripper, 3 de dezembro de 1965

Paperback writer/Rain, 10 de junho de 1966

Eleanor Rigby/Yellow submarine, 5 de agosto de 1966

Strawberry Fields forever/Penny Lane, 17 de fevereiro de 1967

All you need is love/Baby, you're a rich man, 7 de julho de 1967

Hello, goodbye/I am the walrus, 24 de novembro de 1967

Lady Madonna/The inner light, 15 de março de 1968

Hey Jude/Revolution, 30 de agosto de 1968

Get back/Don't let me down, 11 de abril de 1969

The ballad of John and Yoko/Old brown shoe, 30 de maio de 1969

Something/Come together, 31 de outubro de 1969

Let it be/You know my name (look up the number), 6 de março de 1970

COMPACTOS DUPLOS

Twist and shout, 12 de julho de 1963
A: "Twist and shout"/"A taste of honey"
B: "Do you want to know a secret"/"There's a place"

The Beatles' hits, 6 de setembro de 1963
A: "From me to you"/"Thank you girl"
B: "Please please me"/"Love me do"

The Beatles, 1º de novembro de 1963
A: "I saw her standing there"/"Misery"
B: "Anna (go to him)"/"Chains"

All my loving, 7 de fevereiro de 1964
A: "All my loving"/"Ask me why"
B: "Money (that's what I want)"/"P. S. I love you"

Long tall Sally, 19 de junho de 1964
A: "Long tall Sally"/"I call your name"
B: "Slow down"/"Matchbox"

Da trilha musical de *A hard day's night*, 6 de novembro de 1964
A: "I should have known better"/"If I fell"
B: "Tell me why"/"And I love her"

Do álbum *A hard day's night*, 6 de novembro de 1964
A: "Any time at all"/"I'll cry instead"
B: "Things we said today"/"When I get home"

Beatles for sale, 6 de abril de 1965
A: "No reply"/"I'm a loser"
B: "Rock and roll music"/"Eight days a week"

Beatles for sale (número 2), 4 de junho de 1965
A: "I'll follow the sun"/"Baby's in black"
B: "Words of love"/"I don't want to spoil the party"

The Beatles' million sellers, 6 de dezembro de 1965
A: "She loves uou"/"I want to hold your hand"
B: "Can't buy me love"/"I feel fine"

Yesterday, 4 de março de 1966
A: "Yesterday"/"Act naturally"
B: "You like me too much"/"It's only love"

Nowhere man, 8 de julho de 1966
A: "Nowhere man"/"Drive my car"
B: "Michelle"/"You won't see me"

Magical mystery tour, 8 de dezembro de 1967
A: "Magical mystery tour"/"Your mother should know"
B: "I am the walrus"
C: "The fool on the hill"/"Flying"
D: "Blue Jay Way"

LP

Please please me, 22 de março de 1963
A: "I saw her standing there"/"Misery"/"Anna (go to him)"/"Chains"/"Boys"/"Ask me why"/"Please please me
B: Love me do"/"P. S. I love you"/"Baby it's you"/"Do you want to know a secret"/"A taste of honey"/"There's a place"/"Twist and shout

With the Beatles, 22 de novembro de 1963
A: "It won't be long"/"I've got to do"/"All my loving"/"Don't bother me"/"Little child"/"TiII there was you"/"Please Mister Postman"
B: "Roll over Beethoven"/"Hold me tight"/"You really got a hold on me"/"I wanna be your man"/"(There's a) Devil in her heart"/"Not a second time"/"Money (that's what I want)"

A hard day's night, 10 de julho de 1964
A: "A hard day's night"/"I should have known better"/"If I fell"/"I'm happy just to dance with you"/"And I love her"/"Tell me why"/"Can't buy me love"
B: "Any time at all"/"I'll cry instead"/"Things we said today"/"When I get home"/"You can't do that"/"I'll be back"

Beatles for sale, 4 de dezembro de 1964
A: No reply"/"I'm a loser"/"Baby's in black"/"Rock and roll music"/"I'll follow the sun"/"Mr. Moonlight"/"Kansas City"/"Hey-hey-hey hey!"
B: "Eight days a week"/"Words of love"/"Honey don't"/"Every little thing"/"I don't want to spoil the party"/"What you're doing"/"Everybody's trying to be my baby"

Help!, 6 de agosto de 1965
A: "Help!"/"The night before"/"You've got to hide your love away"/"I need you"/"Another girl"/"You're going to lose that girl"/"Ticket to ride"
B: "Act naturally"/"It's only love"/"You like me too much"/"Tell me what you see"/"I've just seen a face"/"Yesterday"/"Dizzy Miss Lizzy"

Rubber soul, 3 de dezembro de 1965
A: Drive my car"/"Norwegian wood (this bird has flown)"/"You won't see me"/"Nowhere man"/"Think for yourself"/"The word"/"Michelle
B: "What goes on"/"Girl"/"I'm looking through you"/"In my life"/"Wait"/"If I needed someone"/"Run for your life"

Revolver, 5 de agosto de 1966
A: "Taxman"/"Eleanor Rigby"/"I'm only sleeping"/"Love you to"/"Here, there and everywhere"/"Yellow submarine"/"She said she said"
B: "Good day sunshine"/"And your bird can sing"/"For no one"/"Doctor Robert"/"I want to tell you"/"Got to get you into my life"/"Tomorrow never knows"

Collection of Beatles oldies, 9 de dezembro de 1966
A: "She loves you"/"From me to you"/"We can work it out"/"Help!"/"Michelle"/"Yesterday"/"I feel fine"/"Yellow submarine"
B: "Can't buy me love"/"Bad boy"/"Day tripper"/"A hard day's night"/"Ticket to ride"/"Paperback writer"/"Eleanor Rigby"/"I want to hold your hand"

Sgt. Pepper's Lonely Hearts Club Band, 1º de junho de 1967
A: "Sgt. Pepper's Lonely Hearts Club Band"/"With a little help from my friends"/"Lucy in the sky with diamonds"/"Getting better"/"Fixing a hole"/"She's leaving home"/"Being for the benefit of Mr. Kite!"
B: "Within you without you"/"When I'm sixty-four"/"Lovely Rita"/"Good morning good morning"/"Sgt. Pepper's Lonely Hearts Club Band (reprise)"/"A day in the life"

The Beatles (o Álbum Branco), 22 de novembro de 1968
A: "Back in the USSR"/"Dear Prudence"/"Glass onion"/"Ob-la-di, ob-la-da"/"Wild honey pie"/"The continuing story of Bungalow Bill"/"While my guitar gently weeps"/"Happiness is a warm gun"
B: "Martha my dear"/"I'm so tired"/"Blackbird"/"Piggies"/"Rocky Raccoon"/"Don't pass me by"/"Why don't we do it in the road"/"I will"/"Julia"
C: "Birthday"/"Yer blues"/"Mother nature's son"/"Everybody's got something to hide except me and my monkey"/"Sexy sadie"/"Helter skelter"/"Long long long"
D: "Revolution 1"/"Honey pie"/"Savoy truffle"/"Cry baby cry"/"Revolution 9"/"Good night"

Yellow submarine, 17 de janeiro de 1969
A: "Yellow submarine"/"Only a northern song"/"All together now"/"Hey bulldog"/"It's all too much"/"All you need is love"
B: Instrumental com a Orquestra George Martin

Abbey Road, 26 de setembro de 1969
A: "Come together"/"Something"/"Maxwell's silver

hammer"/"Oh! Darling"/"Octopus's garden"/"I want you (She's so heavy)"

B: "Here comes the sun"/"Because"/"You never give me your money"/"Sun king"/"Mean Mr. Mustard"/"Polythene Pam"/"She came in through the bathroom window"/"Golden slumbers"/"Carry that weight"/"The end"/"Her Majesty"

Let it be, 8 de maio de 1970

A: "Two of us"/"Dig a pony"/"Across the universe"/"I me mine"/"Dig it"/"Let it be"/"Maggie Mae"

B: "I've got a feeling"/"The one after 909"/"The long and winding road"/"For you blue"/"Get back"

Bibliografia

DAVIES, Hunter. *The Beatles: the autorized biography with a tribute to John Lennon*. London-Toronto-Sydney-New York: Granada, 1981 (reprint).

DIRANI, Claudio D. *Paul McCartney – todos os segredos da carreira solo*. São Paulo: Lira, 2006.

DUCRAY, François. *Les Beatles*. Paris: Librio, 2003.

LEWINSOHN, Mark. *The complete Beatles chronicle*. Londres: Bounty Books, 2005 (reprint).

MILES, Barry. *Paul McCartney – many years from now*. Trad. Mário Vilela. São Paulo: DBA, 2000.

SHEFF, David. Entrevista com John Lennon.

Playboy, Dec. 1980. In: *The Beatles – letras e canções comentadas.* São Paulo: Lira, 2004.

VILLARES, Lúcia. *John Lennon: no céu com diamantes.* São Paulo: Brasiliense, 1982.

WENNER, Jann. Entrevista com John Lennon. *Rolling Stones*, Dec. 1970/Jan. 1971. In: VILLARES, Lúcia. *John Lennon, no céu com diamantes.* São Paulo: Brasiliense, 1982.

PRINCIPAIS SITES CONSULTADOS

www.beatles.com

www.thebeatlesbrasil.com.br

http://move.to/beatles

AGRADECIMENTOS

Ao maestro e arranjador Beto Iannicelli pela leitura crítica do livro.

O AUTOR

O escritor, poeta e compositor Bento Ferraz, paulistano de 55 anos, é jornalista formado pela ECA-USP e exerceu a profissão durante trinta anos, atuando em veículos como *Folha de S.Paulo e Estado de S. Paulo*.

Em 2004, lançou o primeiro livro de poemas, *A tua geografia*, e o primeiro cd independente, *Eu só ouço a Janis Joplin*. No ano seguinte, deixou o jornalismo para dedicar-se integralmente à literatura e à música. O segundo cd independente, *Nanih Junho*, é de 2006 e leva o nome da parceira de Ferraz naquele trabalho.

Bento Ferraz compõe com Val Gonzalez desde 2007, e os dois preparam atualmente a produção de um cd.

Dados Internacionais de Catalogação na Publicação (CIP)
(Câmara Brasileira do Livro, SP, Brasil)

Ferraz, Bento
The Beatles : 50 anos depois / Bento Ferraz. --
São Paulo : DBA Artes Gráficas, 2008.
Bibliografia.
ISBN 978-85-7234-381-7

1. Beatles 2. Músicos de rock - Biografia
I. Título.

08-08194   CDD-782.42166092

Índices para catálogo sistemático:

1. Músicos de rock : Biografia e obra
782.42166092

Os direitos desta edição pertencem à
DBA Dórea Books and Art
al. Franca 1185 cj. 31/32
01422-001 São Paulo SP
tel: (11) 3062 1643
fax: (11) 3088 3361
e-mail: dba@dbaeditora.com.br
www.dbaeditora.com.br